Des bancs de la fac à l'indépendance financière
(Sans héritage et sans capital)

Du même auteur

PACES : Présentation, Conseils et Secrets bien gardés de ceux qui réussissent du premier coup

Raphaël Carteni

Des bancs de la fac à l'indépendance financière
(Sans héritage et sans capital)

www.ClubMillionnaire.fr

ISBN : 9782955750148

À tous ceux qui me soutiennent

Partie légale...

Ce livre constitue la propre expérience de l'auteur ainsi que sa propre pensée. L'auteur n'est en aucun cas conseiller en gestion de patrimoine, vous devriez toujours vous faire votre propre avis et vous renseigner auprès d'un professionnel (notaire, avocat fiscaliste, expert-comptable, etc.) si vous souhaitez réaliser un type d'investissement décrit dans ce livre.

Pensez toujours par vous-même avant d'agir.

SOMMAIRE

Préambule

« Ne travaillez pas plus dur : travaillez plus intelligemment. »

Nous sommes le 18 août et c'est suite à l'annonce de huit petites heures de retard sur mon vol en direction de l'île de Sicile en Italie que j'ai décidé de commencer à rédiger le manuscrit de ce livre dans l'aéroport.

Ce livre sera le deuxième livre que j'autoédite de manière totalement autonome après un premier ouvrage écrit et autoédité au sujet de la première année de médecine.

Et si j'ai eu l'idée d'écrire ce second livre, il y a de cela une semaine ou deux, c'est exactement parce que ma vie venait de prendre un tournant et que je souhaitais matérialiser ceci à ma façon.

Je me suis fait « virer » de mes études de médecine.

Oui, vous avez bien lu. Je me suis fait virer. Le fait de se faire virer concerne en général plus communément un travail salarié mais pas pour moi.

Après avoir réalisé cinq années de Médecine, la faculté de Médecine a décidé de me dire au revoir et j'en suis très content. Rassurez-vous, je suis consentant.

Vous vous dites peut-être que je suis un peu fou, vous ne comprenez sûrement pas tout et vous vous demandez pourquoi je suis si content d'avoir été viré.

Bon d'accord, je l'ai un peu cherché. Afin que vous compreniez le processus dans son ensemble, laissez-moi me présenter succinctement.

Je m'appelle Raphaël CARTENI, je suis né en 1993 et je me considère aujourd'hui comme un entrepreneur et un investisseur plus qu'un étudiant en Médecine.

En effet, après avoir obtenu mon baccalauréat scientifique mention Assez Bien dans la jolie région de Champagne (Epernay/Reims), mon futur semblait se dessiner pour faire de moi un futur orthodontiste…

Avec un ami de classe en Terminale, nous avions décidé de faire Médecine pour devenir des dentistes et plus précisément des orthodontistes (car ça gagne plus) dans le but d'ouvrir un cabinet ensemble et de rouler en Ferrari (comme le dentiste de mon ami). Bref, ça, c'était sur le papier, c'était parti d'un petit délire mais le fond restait quand même plus ou moins vrai.

Mon ami a abandonné dans les premières semaines ses études de Médecine car le rythme était trop intense et cela ne lui plaisait pas. Si vous ne connaissez pas comment cela fonctionne, il s'agit d'un concours pour lequel seulement 15% des étudiants sont reçus (moyenne nationale). Je connais beaucoup d'amis qui ont tenté une fois, deux fois et qui se sont fait éjecter immédiatement du cursus médical (on a le droit de se présenter deux fois seulement au concours).

Pour ma part, j'ai continué l'année jusqu'au bout car je ne savais pas quoi faire d'autre et j'ai obtenu ce concours du premier coup. J'ai vu ce concours comme une grosse compétition où j'étais face à mille autres concurrents que je devais « bouffer » et ça l'a fait.

C'est aujourd'hui l'expérience de ce concours que je relate dans mon premier ouvrage afin d'aider les futurs étudiants en Médecine à obtenir leur concours mais je pense qu'on aura l'occasion d'en reparler un peu plus tard…

Après avoir obtenu ce concours et après avoir passé l'étape du stage infirmier obligatoire où mes journées se résumaient à nettoyer des fesses, à donner des médicaments et de la nourriture aux patients, j'étais donc reçu en seconde année.

Sauf que là, ce fut le drame. Il m'était impossible de me remettre au travail lors de la rentrée universitaire en Septembre. Je suis allé les premières semaines à l'université mais ce n'était pas ça.

Ça m'ennuyait, le nouveau groupe d'amis que je m'étais fait ne me passionnait pas plus que ça et j'étais le seul de mon lycée à avoir réussi le concours donc je ne connaissais personne.

J'ai commencé à déserter les amphithéâtres prétextant qu'on pouvait récupérer les cours du prof sur polycopiés pour les travailler chez moi ou à la bibliothèque universitaire. En Médecine, il y a une solidarité folle qui fait qu'un système de « ronéos » est mis en place.

Un binôme va en cours et prend le cours du prof pour toute la promo. L'association étudiante l'imprime ensuite pour tout le monde et on a plus qu'à aller chercher nos polycopiés de temps en temps pour les travailler de notre côté. En gros, j'ai dû aller deux fois dans l'année en cours, de manière obligatoire, pour prendre le cours pour mes camarades…

Ce n'est pas pour autant que je travaillais mes cours de manière assidue de mon côté… Tout se dégradait. Je me couchais à 3 ou 4 heures du matin pour me lever à 12h ou 13h.

Je me suis présenté aux partiels du premier semestre pour obtenir la moyenne de 3/20 et je ne me suis carrément pas présenté aux partiels du second semestre et j'ai ainsi terminé l'année à un et quelque de moyenne…

Mes proches pensaient qu'après la surcharge de travail du concours, j'avais besoin de prendre une année « off » pour me ressourcer…

J'ai donc redoublé la deuxième année que j'ai fini par valider. Puis lors du passage en 3ème année, j'ai volontairement validé toutes mes matières SAUF une seule, de manière totalement délibérée, car j'aurais pu la valider.

Pourquoi ai-je fait cela ?

Tout simplement car j'avais déjà mis un pied dans le monde de l'entreprenariat et que j'ai voulu consacrer une année entière à développer mes projets tout en gardant un pied dans le monde étudiant « au cas où ». C'est donc la raison pour laquelle je n'ai pas validé cette matière, je voulais redoubler pour conserver mon statut d'étudiant tout en ayant rien à faire au premier semestre puisque j'avais tout validé et presque rien à faire au second semestre puisqu'il ne me restait qu'une seule matière que je maîtrisais déjà partiellement.

J'ai remarqué chez beaucoup d'amis entrepreneurs et investisseurs que c'est lors d'un « mauvais » moment dans leurs vies que les choses ont commencé à changer : mauvais investissement financier, perte de permis, échec personnel, problèmes de santé (burnout, dépression)…

Pour moi, ce fut un échec personnel, je commençais à déprimer et à me transformer en larve vivante car, vraiment,

« le travail, c'est la santé ». J'en suis convaincu. Du moins, un travail qu'on aime.

N'allant plus en cours et me couchant à 3-4h du matin, je passais la majeure partie de mon temps sur Internet à naviguer de sites en sites, plus ou moins productifs.

Parmi ceux étant productifs, je suis tombé sur des sites traitant d'entreprenariat, d'investissement, d'argent… J'ai même certainement dû taper à un moment ou un autre la requête : « comment devenir riche » (on l'a tous fait, non ?).

J'étais stupéfait. On pouvait devenir riche sans forcément être issu d'une famille riche, sans avoir forcément hérité ou sans forcément avoir un gros capital pour commencer. Je lisais des success-stories d'entrepreneurs à succès partis de zéro, que ce soit en terme de bagage intellectuel ou de capacité financière.

A ce moment-là, je me suis dit : « pourquoi pas moi ? ».

Création d'entreprise sur Internet, Immobilier, Bourse, j'allais faire en sorte que tous ces domaines m'ouvrent les bras. J'allais construire mon empire financier et mon patrimoine euro après euro, centime après centime.

Si ces gens-là l'ont fait alors pourquoi je ne serais pas en mesure de le faire ? Tout ce que j'ai voulu entreprendre dans la vie de mon plein gré et avec de la volonté, je l'ai réussi. Que ce soit sur les jeux vidéo lors de mon adolescence sur la célèbre franchise « Call Of Duty » où j'étais un des meilleurs joueurs français et mondiaux. Que ce soit sur ma première année de médecine où j'ai torché cette année du premier coup quand beaucoup de mes connaissances, très intelligentes et ayant eu une mention très bien au bac, ont échoué.

Avec rigueur, organisation, régularité et persistance, j'allais réussir mon nouvel objectif. Celui de créer des affaires prospères et de me générer des rentes, des revenus alternatifs et passifs qui allaient inonder mon compte en banque.

C'est ce que je vais raconter dans ce livre : comment je suis passé des bancs de la fac à l'indépendance financière à 23 ans et en moins de trois ans.

Suivez-moi…

Ado, je faisais déjà quelques billets...

« Achetez à bas prix, vendez cher, encaissez vite et payez tard. »

Dick Levin

Quand je repense à mon enfance et à mon adolescence, je remarque en fait que je possédais déjà quelques traits d'un petit entrepreneur accompli. Je faisais en sorte de subvenir à mes besoins et pour cela, je m'étais dégoté deux petits business afin de pouvoir générer suffisamment d'argent pour acheter toutes les conneries dont je voulais à cet âge-là…

Je dis « conneries » car, clairement, à cet âge-là, je ne pensais pas à épargner ou à réinvestir l'argent généré. En même temps, je ne pouvais pas vraiment investir à cet âge-là et du coup l'idée de gagner de l'argent pour tout laisser de côté et accumuler me paraissait bête… Je me rappelle que j'avais acheté des lunettes de soleil à 100€, une chicha, des jeux vidéos, des habits et autres joyeusetés.

— Je dealais avec les grandes enseignes au collège —

La première petite affaire artisanale que j'ai réalisé (je garde la meilleure pour la fin) était simplement un « business » d'achat-revente.

J'avais déjà compris que le commerce, finalement, c'était beaucoup de marketing et qu'il fallait acheter à bas prix et revendre le plus cher possible (sans arnaquer le consommateur bien évidemment) comme le dit la citation de ce début de chapitre.

Quand je faisais les courses avec mes parents, je repérais dans différents magasins des articles qui pouvaient avoir un potentiel d'intérêt et de revente rapide. Je repérais de cette façon des articles que je photographiais avec mon téléphone dans le magasin sans les acheter et quand je rentrais chez moi, je m'empressais d'aller publier une annonce sur le site Leboncoin (un site de petites annonces entre particuliers).

Si, et seulement si, quelqu'un était intéressé pour acheter le produit alors je retournais au magasin pour l'acheter et je l'envoyais au client final. J'étais en fait un intermédiaire dans le processus de vente et je prenais au passage ma marge nette nette car autant vous dire que je ne payais pas d'impôts dessus.

Il est clair que je ne pouvais pas marger comme un fou mais je margeais quand même malgré les frais de livraison. C'est fou, il y a toujours des gens pour acheter et avec l'expérience que j'ai aujourd'hui, ce n'est pas parce qu'un produit est moins cher sur un autre site qu'on ne peut pas vendre ce même produit plus cher sur notre propre canal de vente.

Si on met en place un marketing efficace, qu'on arrive à déclencher un effet coup de cœur et une envie irrésistible d'achat dans le cœur de notre prospect alors c'est tout vu.

Supposons qu'une coque d'iPhone soit vendue à 7€ sur une boutique Amazon et à 8€ sur une boutique en ligne, ce n'est pas pour autant que je ne pourrais pas la vendre à 9€ sur ma propre boutique en ligne. Tout est une question de marketing et de mettre le bon produit devant le bon prospect pour le transformer en client.

Je n'ai pas dégagé des milliers et des milliers d'euros avec cette activité mais cela me permettait de me payer tout ce qu'un adolescent a envie de se payer.

— *Comment j'ai tiré profit de pervers sexuels* —

La seconde affaire est, elle, un peu plus borderline mais était bien plus lucrative. Comme bien souvent en affaires, plus le risque est grand, plus le potentiel de revenus l'est également.

A l'époque où j'ai fait cela, nous étions encore aux forfaits bloqués pour les téléphones, nous n'avions pas de forfaits avec SMS, MMS, appels et compagnie en illimité. Bref, si on n'avait pas dépensé la totalité de son crédit à la fin du mois, celui-ci était définitivement perdu et il ne se reportait pas sur le mois suivant.

Des sites permettant de récupérer ce crédit en argent sonnant et trébuchant avaient donc fait leur apparition. Le principe était d'envoyer un SMS surtaxé à un numéro.

En retour, on recevait un code que l'on rentrait directement sur le site dans notre espace personnel. Cela faisait grossir notre cagnotte et on pouvait demander notre argent par Paypal ou par chèque. Le site se prenait une petite marge sur ce montant.

> Exemple : le SMS surtaxé coûtait 3€ et lorsqu'on rentrait le code reçu sur le site, on touchait 2,80€.

Là, vous me dites : « ok Raph, mais où est-ce que c'est borderline tout ça ? ».

Dans un premier temps, je faisais ça avec mon crédit restant afin de ne pas le gâcher sauf que très vite, j'avais envie d'avoir plus de codes à rentrer sur le site pour débloquer plus de fonds.

Non, je ne piquais pas le téléphone des gens discrètement pour envoyer des SMS à leur insu.

J'étais plus malin que ça et j'avais une vraie volonté « d'apporter de la valeur aux gens », vous allez rigoler et vous allez très vite comprendre pourquoi j'ai mis ce passage entre guillemets mais ça reste entre nous, d'accord ?

Internet n'est pas le monde des bisounours et il y a des sites plus ou moins sérieux, plus ou moins douteux et plus ou moins recommandables…

En traînant sur Internet, j'avais découvert différentes choses, différents sites Internet, différents forums et j'avais mis au point une petite stratégie.

Dans la catégorie des sites de discussion instantanée, on atteint parfois le summum… J'avais repéré un site dont je tairais le nom sur lequel la population d'hommes affamés et aux désirs parfois très étranges était présente.

Il suffisait de se présenter comme une jolie jeune fille de 18 ans, tout juste majeure, pour se faire harceler de dizaines de messages dans la minute qui suivait la connexion.

Les hommes, bien souvent âgés de 30 à 70 ans, étaient évidemment sans gêne et n'avaient pas le temps pour les formalités (tant mieux pour moi), la discussion virait vite sur leur sujet de prédilection : le sexe. Reconnaissons-le, c'est relativement ignoble.

Je proposais à ces hommes un « show cam » contre ces fameux codes. Par exemple, le deal pouvait se conclure de cette façon : « un strip tease si tu envoies ça à ce numéro et que tu m'envoies trois codes ». Beaucoup de ces hommes s'exécutaient sans trop broncher, c'était incroyable. Je n'ai pas calculé à l'époque le taux de conversion mais je pense qu'il était vraiment bon.

Vous vous doutez forcément que je ne pouvais pas réaliser moi-même ces shows sexy sinon ces messieurs allaient être fortement déçus. J'avais donc récupéré des vidéos de femmes se dénudant devant la webcam sur Internet (il n'en manque pas) et grâce à un petit logiciel, je pouvais remplacer l'image de ma webcam par ce que je voulais.

A l'époque, cela se faisait encore sur MSN (si ça ne vous parle pas, c'était un logiciel de discussion instantanée très célèbre jusqu'à ce que Facebook débarque). Dès que le mec m'avait envoyé les codes et que je les avais validés sur le site (les mecs en envoyaient des faux parfois), je lançais ma caméra avec le show sexy et c'était réglé. Le mec était content, en réclamait forcément plus mais ça s'arrêtait là de mon côté.

Ah si, je proposais parfois des upsells à ces messieurs sans savoir que j'étais en train de faire des upsells. Un upsell, en marketing, c'est lorsqu'on réalise une vente additionnelle à un client qui vient d'acheter quelque chose chez vous.

Je disais à certains hommes avec les hormones en feu et qui en redemandaient toujours plus, que j'avais une amie qui faisait la même chose que moi si ils voulaient prolonger le plaisir…

C'était très simple pour moi puisqu'il me suffisait de créer une autre adresse email et de récupérer un autre extrait vidéo…

Du véritable argent facile !

Tout le monde était content, j'avais un peu d'argent et lui avait eu son petit plaisir. Je coupais vite la relation suite à ça et je changeais aussi régulièrement de compte.

D'un point de vue éthique, il est clair que ce n'est peut-être pas le mieux mais je n'ai causé de préjudice à personne à part avoir tiré un bénéfice d'une vidéo gratuite présente sur un site pornographique. Les sociétés opérant dans l'industrie de la pornographie ne sont pas à plaindre financièrement parlant, je ne me sens donc pas trop mal vis-à-vis de celles-ci.

Cette activité était « vraiment lucrative » et je prenais parfois 40-50€ (net net) par « soirée travaillée » de 21h à 00h environ. Le côté lucratif restant bien évidemment à nuancer. Cela l'était pour un adolescent pour qui cet argent ne servait qu'à financer ses petits plaisirs.

Mon dépucelage avec les affaires à 19 ans

« La chute n'est pas un échec. L'échec, c'est de rester là où on est tombé. »

Socrate

Je me souviens de ce jour de début d'été où un ami m'a appelé et m'a dit « Raph, il faut que je te parle d'un truc, je te connais et je pense que ça pourrait te plaire ». J'étais vraiment intrigué, il m'avait dit que ça serait trop long à expliquer au téléphone et que le plus simple serait que l'on se rencontre pour en parler.

J'avais à ce moment-là 19 ans et je commençais à découvrir et apprendre l'entreprenariat sur Internet. La fameuse loi de l'attraction. Je commence à m'intéresser à tout ça et comme par hasard, on vient me proposer une opportunité.

Ni une, ni deux, je suis allé le rejoindre dans son appartement pour en savoir un peu plus sur ce qu'il avait à me proposer.

Là, il me dit qu'une connaissance à lui arriverait dans quelques minutes pour m'expliquer directement car cette fameuse personne saura mieux expliquer.

En effet, quelques minutes plus tard, une personne du début de la vingtaine d'année arrive dans l'appartement et nous commençons à parler. Enfin, il commence à parler. Il m'explique durant environ 20 à 30 minutes toute l'opportunité de l'affaire.

Bienvenue dans le marketing de réseau (ou Multi Level Marketing (MLM), marketing relationnel, marketing à paliers multiples, c'est la même chose).

Eh oui, ma toute première expérience dans les affaires s'est faite à travers le marketing de réseau.

Je dois avouer qu'après avoir écouté cette présentation, j'étais à la fois très excité d'avoir le sentiment d'être au bon endroit au bon moment et à la fois mitigé car je n'avais jamais entendu parler de ce business-model jusqu'à ce moment.

C'est alors que j'ai commencé à entreprendre de sérieuses recherches sur cette industrie et sur la société dont on m'avait parlé.

Et là, je découvre tout un monde. Une industrie qui pèse une centaine de milliards de dollars, plus que les industries du cinéma, de la musique et du jeu-vidéo réunies. Je découvre ce que le très célèbre Robert Kiyosaki appelle l'entreprise du 21ème siècle dans un livre qu'il a entièrement dédié au marketing de réseau.

— *Comment fonctionne le marketing de réseau ?*—

Le marketing de réseau est un modèle économique alternatif à celui qu'on connaît aujourd'hui. Si je vous dis que les sociétés actuelles ont recours, au titre de techniques marketings, à l'utilisation de spots publicitaires à la télévision et à la radio, à des publicités dans les journaux et les magazines, à des panneaux publicitaires dans nos rues, à des encarts publicitaires sur des sites Internet ou nos applications, je pense que je ne vous apprends rien. C'est ainsi que le marché traditionnel fonctionne.

Les sociétés utilisent des publicités et paient pour cela afin de toucher le consommateur final.

Le marketing de réseau, lui, chamboule tout. Il a décidé de ne fonctionner que sur le principe du bouche à oreille et il supprime entièrement les canaux traditionnels de publicité.

C'est à dire que vous ne trouverez jamais de publicités traditionnelles pour un produit vendu par une société de marketing de réseau.

A la place, cette société décide de rémunérer directement ses consommateurs et ses distributeurs si ceux-ci recommandent le produit à leur entourage et transforme donc ce dernier en consommateur également.

Il faut savoir que pour un produit et un prix fixé, il y a environ 20% de coût de production pour 80% de coût en marketing et distribution (encore une fois la loi de Pareto). Etant donné qu'une société de marketing de réseau ne fait pas de publicités traditionnelles, elle reverse donc ces 80% normalement alloués au marketing et à la distribution, à ses propres distributeurs.

Pour cela, une société de marketing de réseau repose généralement sur un produit commercialisé qui est d'une excellente qualité ainsi que d'un canal de distribution unique.

C'est à dire que vous ne pouvez vous procurer les produits qu'à travers les distributeurs et consommateurs de la société, pas autrement, pas au supermarché du coin.

Il existe des centaines de sociétés de marketing de réseau dans tous les domaines possibles et inimaginables : la santé, la beauté, la télécommunication, la sécurité résidentielle…

Si on résume la chose, il faut donc trouver une société qui commercialise des produits que l'on aime et que l'on utilise soi-même, jusque-là, nous sommes consommateurs de cette société. On peut aussi devenir distributeur de cette société en acquérant une licence et avoir donc accès au plan de rémunération.

Devenir distributeur, cela signifie que l'on a la possibilité de parler du produit aux gens qui pourraient être intéressés par celui-ci et par extension, on peut commencer à toucher des commissions pour ce travail.

Le but est de construire un réseau de distributeurs et de consommateurs. Les consommateurs vous permettront d'alimenter votre revenu résiduel en commandant chaque mois des produits pour leur propre consommation (il est donc préférable de choisir une société commercialisant des produits consommables régulièrement).

Les distributeurs vous permettront, eux, de décupler votre force de frappe en faisant le même travail que vous « pour » vous. En effet, tous les gens qui sont dans votre réseau vous rapportent une rémunération à travers le chiffre d'affaires qui est généré dans votre réseau. Si un distributeur de votre réseau que vous avez parrainé amène des consommateurs mais aussi des distributeurs qui, ces derniers, vont eux aussi parrainer des distributeurs et des consommateurs, etc. alors cela signifie que du chiffre d'affaire a été généré dans votre réseau et vous touchez donc une rémunération proportionnelle à ce chiffre d'affaire.

Voici la théorie grossière du marketing de réseau. Toutes les sociétés et tous les plans de rémunération ne se valent évidemment pas et il faut donc bien évidemment analyser scrupuleusement la société avant de s'y engager. Pour cela, je vous invite à lire l'excellent livre de Robert Kiyosaki à ce sujet dénommé « L'entreprise du 21ème siècle ».

Pour en revenir à mon ami qui me proposait cette affaire, je ressentais vraiment de l'excitation en lui de me partager cette opportunité, d'autant plus que c'était un ami de confiance qui m'en parlait, même si il ne connaissait rien au monde des affaires.

Après en avoir parlé à certaines personnes de mon entourage qui me décourageaient de le faire, on parlera de l'importance de l'entourage plus tard, j'ai tout de même décidé de devenir distributeur pour cette société de marketing de réseau. J'avais effectué un tas de recherches sur cette industrie, son fonctionnement et sur la société en question, j'avais envie d'aller plus loin, d'apprendre et de poser un premier pied dans le monde des affaires.

Même si cette expérience qui n'a duré qu'une année ne m'a pas enrichi substantiellement, elle m'a permis d'apprendre énormément sur les affaires, sur le développement personnel, sur moi-même et m'a permis de me faire du réseau. Elle m'a donc beaucoup plus enrichi intérieurement.

C'est là que j'ai compris l'importance de se former, de lire beaucoup de livres et de s'entourer de gens qui ont les résultats que l'on souhaite avoir. Je commençais à façonner mon esprit même si la rémunération était loin d'être folle. Mais le mindset (état d'esprit) que j'ai pu construire n'avait lui aucun prix, on ne pouvait pas me retirer ce que j'avais appris et je m'en servirai toute ma vie.

Ce fut une expérience pleine de souvenirs : à apprendre, à développer des compétences, à rencontrer des gens qui ont beaucoup de résultats et à célébrer les premières victoires.

Je me rappellerais toujours du jour où trois grands leaders de la société, dont un était multimillionnaire, étaient venus à Reims pour un événement organisé par notre équipe. Nous avions terminé la soirée dans une boîte de nuit de la ville et la soirée s'était soldée avec une addition de 6000-7000€ avec des seaux remplis de magnums de Champagne Ruinart et des magnums de Vodka Grey Goose.

Désormais, avec la vision plus large que j'ai des affaires en ayant touché à l'immobilier, à la bourse et à la création d'entreprise en ligne, je dois dire que le marketing de réseau n'est pas l'industrie la plus séduisante qu'il soit même si elle reste très enrichissante comme je viens de le dire.

— *Les cinq critères pour valider un business* —

Ce que je n'aime pas dans le marketing de réseau, c'est le manque cruel de contrôle qu'on a vis-à-vis de la société.

Beaucoup diront que c'est « notre » business qu'on développe à travers le réseau de clients et de distributeurs que l'on constitue. Je ne suis pas d'accord avec cela, c'est avant tout le business des PDG de la société pour laquelle on travaille que l'on développe.

C'est eux qui ont le vrai contrôle sur ce qui va se passer dans la société :

- *gammes de produits*
- *prix des produits*
- *évolution du plan de rémunération*
- *partenariats commerciaux*
- *coûts de fonctionnement*
- *investissements financiers propres à l'entreprise*
- ...

Comme le dit MJ DeMarco dans son livre « *The Millionaire Fastlane* » que je vous recommande très chaudement de lire, un business doit valider les cinq critères suivants pour que celui-ci mérite qu'on s'y intéresse de manière plus approfondie et surtout pour « optimiser » les chances de survie de votre business lorsqu'on sait que 90% des nouvelles entreprises ne passent pas la barre des cinq ans :

- *Need (Besoin)*
- *Entry (Barrière d'entrée)*
- *Control (Contrôle)*
- *Scale (Levier)*
- *Time (Délégation)*

• *Critère #1 – Need (Besoin)*

Ce critère signifie que vous devez répondre à un besoin qui est bien présent. Les gens se foutent de savoir ce que vous aimez ou quelle est votre passion. Il est donc inutile de créer un business autour de votre passion SI cette passion n'intéresse personne et ne répond au besoin de personne. Être égoïste, c'est optimiser ses chances d'échecs. Vous devez créer un business qui va répondre au besoin d'un maximum de personnes et qui va créer, pour eux, un maximum de valeur.

Créer de la valeur pour les autres fera involontairement rentrer de l'argent dans votre compte en banque. Si vous créez votre business dans la seule et unique volonté de gagner de l'argent alors vous êtes sur la mauvaise voie et l'argent vous fuira. Les gens voudront vous payer parce que vous leur apportez des solutions, non pas parce qu'ils vous voient kiffer votre passion.

Il est communément dit que si vous impactez des centaines

de personnes, vous gagnerez des centaines d'euros. Impactez des milliers de personnes, vous gagnerez des milliers d'euros. Impactez des millions de personnes et vous gagnerez des millions d'euros. Remplissez donc les besoins d'un maximum de personnes et l'argent ne sera plus qu'une conséquence logique à tout ce que vous avez fait pour les autres.

Quand on me demande si je suis millionnaire, je réponds tout simplement qu'on s'en fout, que ce n'est pas une finalité. Le million n'est qu'une suite logique, une simple étape mais ce n'est pas le plus important.

De manière plus large, devenez un producteur et non plus un consommateur et vous gagnerez de l'argent.

☞ Dans le marketing de réseau, ce critère est bien souvent respecté car l'avantage des sociétés de marketing de réseau, c'est qu'elles proposent souvent des produits uniques et de très grande qualité dans tous les secteurs de l'industrie. Cela crée donc de la vraie valeur aux consommateurs.

• *Critère #2 – Entry (Barrière d'entrée)*

Ce second critère est très simple à comprendre : si il est très/trop facile d'entrer dans le business alors ce n'est pas un bon business.

Plus les conditions d'entrée sont simples, plus il y a de personnes qui rentrent dans le business et plus la concurrence est accrue entraînant mécaniquement une baisse des marges.

Ces business pour lesquels il est trop facile d'en faire partie sont souvent saturés et pour faire la différence, il faut être très bon ce qui rend la tâche vraiment plus difficile.

Tout le monde peut le faire et si tout le monde peut le faire alors ça pue.

> ☞ Dans le marketing de réseau, ce critère n'est pas respecté car il suffit bien souvent d'acheter une licence de distributeur (un simple paiement en ligne) pour devenir distributeur. Tout le monde peut faire ceci, rien n'est compliqué, la barrière d'entrée est vraiment très basse. Devenir distributeur dans une société de marketing de réseau se résume à un événement (je paye) et non pas à un process.

Créer un business en ligne, par exemple, c'est un vrai process. Il faut trouver un nom de domaine, héberger son site, trouver un thème ou un graphiste, rédiger du contenu, mettre en place des tunnels de vente, faire de l'email marketing, animer une communauté sur les réseaux sociaux, créer des formations et accompagner ses clients et plein d'autres choses… Il y a véritablement un process qui en freine plus d'un lorsqu'il faut lancer la machine.

En immobilier, il y a également un vrai process : on trouve le bien immobilier, on le négocie, on deal avec la banque pour les conditions du prêt, on réalise des travaux via des artisans, on meuble l'appartement, on choisit son locataire, on anticipe sa fiscalité avec un expert-comptable et encore bien d'autres choses…

Dans le marketing de réseau, il suffit de faire un paiement en ligne comme si on achetait une paire de pompes sur une boutique en ligne, trop simple.

• *Critère #3 – Control (Contrôle)*

Vous ne devez reléguer le contrôle de votre business à PERSONNE. Vous devez être au contrôle de tout ce qui se passe dans votre business si vous voulez que celui-ci avance dans la bonne direction et qu'il soit surtout pérenne dans le temps.

☞ Dans le marketing de réseau, c'est le critère le moins respecté et le plus handicapant. Vous ne choisissez rien même si beaucoup de personnes aiment à se convaincre que si. Qui contrôle tout ? C'est le ou les PDG de la société.

Comme dit précédemment, c'est lui qui fixe les prix, lui qui conclut les VRAIS accords commerciaux, lui qui développe la gamme de produits avec ses partenaires (vous n'avez rien à dire), lui qui fixe les prix.

Revenons sur ce dernier point, c'est lui qui fixe vos prix et donc… vos marges à travers le plan de rémunération. Vous n'avez aucune visibilité dans le temps sur vos marges, vous les laissez dans les mains de quelqu'un d'autre. Un business dans lequel on contrôle aussi peu nos marges, cela est inquiétant à mon sens.

Derrière l'image d'entrepreneur associée au statut de distributeur pour une société de marketing de réseau se trouve plutôt, selon moi, le statut d'un vendeur indépendant, d'un marketeur au compte d'un PDG et d'un gestionnaire des ventes payé à la commission sur ses propres ventes. C'est un déguisement. Les vrais gagnants et ceux qui gagnent vraiment beaucoup d'argent sont les PDG.

J'aime beaucoup l'image qu'emprunte MJ DeMarco dans

son livre « The Millionaire Fastlane ». Il utilise l'image d'un auto-stoppeur et du conducteur du véhicule. Dans la relation qu'il existe entre ces deux personnages, le conducteur a le contrôle complet sur le véhicule (le PDG de la société de marketing de réseau) tandis que l'auto-stoppeur est à la merci du conducteur (le distributeur).

Le distributeur est à la merci du ou des PDG qui eux ont tout à gagner au travers d'un système de distribution qui est excellent puisqu'ils ne vont payer que les distributeurs qui leur génèrent du chiffre d'affaires. Les autres, ils n'avaient qu'à mieux travailler.

Si vous avez un produit à faire connaître, le système de distribution du marketing de réseau est excellent. Si vous voulez devenir vraiment riche, il est préférable d'être le possesseur d'une société de marketing de réseau plutôt que de vouloir en rejoindre une en tant que distributeur.

• *Critère #4 – Scale (Levier)*

L'effet de levier est très important dans un business. Celui-ci signifie que vous devez être en mesure d'impacter un maximum de personnes dans votre environnement de travail. Par exemple, si vous possédez une pizzeria dans une petite ville de province comme Reims, vous allez être en mesure d'impacter uniquement ses habitants (environ 200 000 personnes) ainsi que les gens de passage chaque année. Votre potentiel de chiffre d'affaires est capé à un nombre limité de visiteurs mais est également capé à votre capacité d'heures de travail par jour (environ huit heures).

Plus votre habitat, votre environnement de travail sont large, plus votre potentiel de croissance est élevé. C'est un critère primordial si vous souhaitez générer de la richesse très rapidement. Le plafond du nombre de produits que vous pouvez vendre doit être le plus haut possible si vous voulez générer un maximum de chiffre d'affaires.

C'est très simple et simplifions la chose : la Terre doit être votre terrain de jeu si vous souhaitez générer des très gros chiffres. Ça, c'est la règle, il y a bien évidemment des exceptions avec des marchés de niche qui sont très puissants avec une concurrence inexistante mais ce que je veux véhiculer ici, c'est la mécanicité du fait que si on touche un maximum de personnes alors on a un potentiel de croissance bien plus élevé.

Encore une fois, impactez des millions et vous ferez des millions.

Pour pouvoir impacter des millions, vous pouvez avoir un business en ligne qui est accessible depuis n'importe quelle position géographique et à n'importe quelle heure ; vous pouvez avoir un business qui peut se franchiser ; un business qui peut ouvrir des entrepôts et ateliers de confection dans d'autres pays ; vous pouvez avoir une foncière immobilière qui investit dans le monde entier…

> ☞ Dans le marketing de réseau, ce critère est respecté puisque la Terre entière est le terrain de jeu, ou presque. En effet, les sociétés de marketing de réseau sont en général présentes dans une multitude de pays permettant de développer son réseau de manière quasi-internationale. Ce critère est donc plutôt respecté.

• *Critère #5 – Time (Délégation)*

Ce cinquième et dernier critère est le plus important à mes yeux puisqu'il concerne le fait de pouvoir déléguer totalement ou partiellement son business. C'est quelque chose de primordial.

Si vous êtes comme moi, nous ne sommes pas entrepreneurs ou investisseurs pour se créer un nouveau job et rester enfermés à l'intérieur de celui-ci toute sa vie (même si il est fun).

Je crée des business et j'investis dans différents projets pour :

- M'éclater car j'adore ça.
- Gagner de l'argent car j'adore ça.
- Pouvoir déléguer car je veux agir sur d'autres projets.

L'idée, c'est de créer des systèmes qui fonctionnent seuls sans que vous soyez là. Soit à travers de nombreux outils informatiques qui font désormais plein de choses de manière autonome, soit à travers l'humain en employant des partenaires et prestataires.

Cela peut donner de moi l'image d'être quelqu'un de très feignant quand je parle de ça à différentes personnes mais, au contraire, c'est du travail très intelligent puisqu'on travaille beaucoup pour créer un business ou pour réaliser un investissement puis on automatise l'ensemble pour pouvoir passer à autre chose tout en continuant à toucher des revenus passifs.

Je veux bien qu'on me qualifie de feignant mais je préfère

ça à passer ma vie enfermé dans un travail ou business dans lequel on répète chaque jour les mêmes tâches de manière répétitive parce qu'on n'a pas pu ou pas su déléguer le travail… Pendant ce temps-là, le feignant s'éclate sur d'autres projets et gagne toujours plus d'argent. ☺

L'idée à retenir : détacher son temps de sa richesse. Une heure de travail ne doit pas être égale à x€ en one-shot. Une heure de travail doit être égale à x€ en récurrence. C'est déjà mieux.

> ☞ Dans le marketing de réseau, ce critère est parfaitement respecté puisqu'on se constitue un réseau de clients et de distributeurs. Ces derniers sont les plus importants puisqu'ils vont eux aussi être attachés à l'objectif de développer un réseau de clients et de distributeurs. Cela signifie que, si vous travaillez bien, vous allez avoir une multitude de distributeurs dans votre réseau, travaillant avec et pour vous, qui va continuer à développer le réseau. Le travail est délégué et plus votre réseau grossit, plus vous pouvez vous « reposer ».

Un bon business doit répondre parfaitement à ces cinq critères et on vient de voir que le marketing de réseau échoue à deux critères sur cinq, ce qui est bien trop. C'est une des raisons pour laquelle j'ai décidé de ne pas prolonger mon expérience dans cette industrie.

— *Le GROS problème avec le marketing de réseau en France…* —

D'autant plus qu'on a aujourd'hui à faire face à un vrai fléau…

Nous avons vu précédemment que la rémunération d'un distributeur dans le marketing de réseau est établie en fonction du chiffre d'affaires (ou volume de ventes) généré dans son réseau.

Malheureusement, le marketing de réseau est très souvent associé à tort aux ventes pyramidales ou systèmes de Ponzi.

Pour rappel, cela est strictement illégal et vous connaissez sûrement l'affaire Madoff, un financier américain qui a escroqué 65 milliards de dollars et qui a été condamné à 150 ans de prison pour avoir réalisé une escroquerie de type Ponzi.

Dans un système de Ponzi, l'argent provient uniquement du recrutement de nouveaux membres et l'argent remonte la pyramide sous forme de pourcentage de façon à ce que les plus hauts placés gagnent le plus d'argent.

C'est à dire que vous êtes payés à inscrire des membres et vous touchez une commission pour cela, c'est interdit par la loi et par le Code de la Consommation (article L122-6). Il n'y a aucune création de valeur et aucun produit. Quand il y a un produit, il s'agit d'une entourloupe avec un produit généralement bidon pour déguiser l'escroquerie et la rendre plus légitime. Ce système nécessite une croissance continue et sans accroc sinon tout s'arrête, il atteint donc vite ses limites.

Aujourd'hui, il existe des tas d'arnaques pyramidales de ce type qui voient le jour de façon quotidienne et il existe aussi des tas de gens crédules pour croire tout ce qu'on leur raconte.

La promesse de ces « sociétés » consiste généralement à acheter des « parts » qui vont générer aux clients qui en achètent un rendement insolent, sans rien faire, juste en laissant ces parts travailler…

Ces arnaques attirent des tas de gens crédules qui propagent cette « opportunité du siècle » à tous les coins de rues attirant toujours plus de gens crédules. Rappelez-vous, si ça semble trop beau pour être vrai, c'est que c'est vraiment trop beau pour être vrai, ceci est un des nombreux principes d'investissement de Warren Buffett, considéré comme le meilleur investisseur de tous les temps.

Quand on fait du marketing de réseau, il ne s'agit pas de « NotWork Marketing » ou de « NetLuck Marketing » mais bien de « Network Marketing » ! Il n'y a pas de magie dans le milieu des affaires, il faut travailler pour avoir des résultats.

Voici différents signes qui devraient vous faire tilt lorsqu'on vous parle d'une société de marketing de réseau :

#1 - L'argument qu'on vous avance est que la société vient tout juste d'être créée et qu'il faut se positionner au sein de celle-ci. Cela est généralement un argument pro-Pronzi car rappelez-vous que le moment où vous rentrez dans une société de marketing de réseau ne conditionne en aucun cas votre potentiel de gains futurs. Vous pouvez gagner plus d'argent que les gens qui sont arrivés avant vous si vous développez mieux votre réseau. De plus, une société nouvellement créée est une société qui a encore toutes ses preuves à faire et qui n'a pas encore forcément les bons outils pour promouvoir comme il se doit les produits qu'elle commercialise.

#2 – On vous dit que vous n'avez rien à faire à part acquérir des parts sur lesquelles vous allez avoir un rendement garanti. Si vous pensez que des gens auront la bonté de faire travailler votre argent pour vous gratuitement, vous êtes encore trop naïfs… Le marketing de réseau, c'est un vrai business avec toutes les responsabilités que cela peut engendrer.

#3 – Le paiement de vos gains est compliqué et pas très sérieux. Le paiement de vos commissions doit se faire généralement par virement bancaire avec établissement d'un relevé des commissions. Se faire payer par Paypal ou par des cartes prépayées n'est pas gage de sérieux pour une vraie société de marketing de réseau. Ces fameuses cartes prépayées étant généralement envoyées avec beaucoup de retard de manière volontaire. La « société » évoquera son succès resplendissant et se dira dépassée par les événements. La réalité est toute autre, ils n'ont soit pas assez de cartes soit le processus de distribution est volontairement ralenti pour limiter la redistribution extérieure d'argent. Les arnaques pyramidales aiment d'ailleurs arborer fièrement sur leurs sites les logos de Mastercard et autres pour dégager une image sérieuse et faire office de preuve sociale.

#4 – La personne qui vous prospecte vous dit qu'elle connaît quelqu'un qui fait x millions d'euros par an avec cette société, qu'elle connaît directement le PDG de la société et qu'elle peut vous introduire pour bien vous placer dans le réseau… C'est dingue ça, j'ai l'impression d'être le seul abruti à ne pas connaître ces fameux PDG multimillionnaires qui lancent des business à plusieurs millions d'euros, ça commencerait presque à m'attrister. Tenez-vous bien, un mec est même venu me dire, cinq minutes après m'avoir ajouté sur Facebook, qu'il s'était formé auprès de Donald Trump (mais il avait quand même besoin de venir me démarcher comme une merde sur Facebook).

De manière générale, se faire prospecter sur Facebook, ce n'est pas très bon signe. Ne portez que très peu d'importance aux « on dit » et ne jurez que par des faits.

J'ai déjà vu des PDG d'arnaques pyramidales être présents à des congrès ou gros événements organisés par leurs soins où ils font beaucoup de show-off avec du spectacle, des belles voitures, des Rolex... Ces PDG sont présents physiquement et font un discours. Ils vous disent que tout se porte bien et que la croissance de l'entreprise se porte bien. Ils rassurent tout le monde tout en sachant pertinemment, dans leur tête, qu'ils sont en train de la mettre à l'envers à tout le monde. Même les arnaques pyramidales ont des supports clients désormais, ce n'est plus un signe de sérieux non plus.

#5 – On vous incite à toujours réinvestir vos gains dans des parts pour gagner encore plus dans le futur (avec souvent des offres promotionnelles vous incitant à passer à l'action rapidement). N'oubliez pas qu'on gagne de l'argent avec le chiffre d'affaires réalisé dans votre réseau, pas en réinvestissant dans des parts. On n'achète pas des actions là...

D'ailleurs, si vous obtenez des avantages financiers simplement parce que vous achetez un pack plus cher que d'autres, posez-vous des questions... L'objectif est que vous laissiez votre argent virtuel dans le système pour que ce dernier puisse perdurer plus longtemps. Pendant ce temps-là, les PDG de ces arnaques pyramidales continuent d'opérer des virements externes depuis le compte de la société vers des comptes externes à l'étranger (Hong Kong, République Dominicaine, Gibraltar, Dubaï, etc.).

#6 – Pour rentrer dans le réseau, on vous invite à payer directement en cash un autre membre du réseau, on vous dit de virer de l'argent sur un compte Paypal ou de faire un virement vers un RIB d'un compte bancaire situé à l'étranger. Non. Tout devrait se passer sur le site officiel de la société.

#7 – Les frais d'obtention de la licence pour devenir distributeur dans une arnaque pyramidale sont généralement très élevés, de l'ordre de 1000 à 5000€ (et parfois plus). Devenir distributeur devrait vous coûter moins de 1000€ et le juste prix serait entre 50 et 600€ maximum…

Bref, on pourrait encore citer plein d'autres arguments mais cela serait bien trop long. Comme derniers conseils, je vous invite à regarder également sur le site de la FVD (Fédération de la Vente Directe) ou de la DSA (Direct Selling Association) aux Etats-Unis si la société est listée. Regardez si elle possède bien un numéro de SIREN, un numéro de TVA et regardez si elle est bien inscrite au RCS (Registre du Commerce et des Sociétés) si la société est en France et son équivalent si la société est étrangère.

Mes premiers pas dans l’immobilier à travers la sous-location

« La plus grande erreur que puisse faire un homme est d’avoir peur d’en faire une. »

Elbert Hubbard

Après mon concours de première année de médecine que j'ai obtenu du premier coup et pour lequel j'avais pris un studio à Reims juste à côté de l'endroit où j'avais cours, il a fallu que je me loge sur Reims.

Le studio avait été choisi pour une question stratégique uniquement dans l'objectif de gagner du temps sur mes trajets pour le concours de médecine, je ne comptais pas rester dans celui-ci plus longtemps, ni rentrer chez mes parents.

C'était le moment de la crise grecque où le cash ne sortait plus des distributeurs et mes parents souhaitaient, au même moment, acheter un bien immobilier afin de débancariser (retirer de l'épargne de la banque pour le placer dans un actif, comme l'immobilier par exemple) un petit peu.

L'idée était donc de trouver un bien immobilier que mes parents allaient acheter afin de réaliser un placement immobilier tout en m'y logeant au passage.

Etant donné que j'étais parti pour des études de médecine, donc des études longues, c'était un bon deal, ça permettait de me loger tout en constituant du patrimoine immobilier pour mes parents.

— *Savoir saisir les opportunités* —

Cette étape intervenait exactement au moment où je commençais à découvrir et à m'intéresser au domaine de l'immobilier et plus précisément à la location saisonnière. Dans ma tête, le plan d'action s'était très vite dessiné pour que je puisse me lancer et pour que je puisse commencer à générer mes premiers revenus.

Nous allions trouver un bien immobilier possédant deux chambres et j'allais louer la deuxième chambre en tant que chambre privée sur Airbnb. C'est à dire que des voyageurs allaient venir dormir chez moi en même temps que j'y étais, nous allions partager l'appartement, une sorte de colocation saisonnière…

Bien évidemment, mes parents n'étaient pas au courant de ce petit stratège que j'avais concocté…

Nous avons fait plusieurs visites et la recherche n'a pas été évidente car les critères n'étaient pas les mêmes des deux côtés, nous ne regardions pas le bien en question avec la même finalité.

Au bout d'une paire de visites, nous avons finalement trouvé un bien qui correspondait à tout le monde. Un bien de 65m^2 avec deux chambres situé sur le boulevard « le plus prestigieux » de la ville regroupant des demeures, des maisons de Champagne comme Roederer, des bâtisses d'anciens notaires et négociants en vin… C'était parfait pour de la location saisonnière, je m'y voyais déjà. Le bien était très prisé, n'avait même pas été publié publiquement que déjà d'autres personnes voulaient l'acheter, il a fallu se décider dans l'heure suivant la visite.

Le temps de la signature et de l'aménagement, quelques mois sont passés me permettant de bien me renseigner et de préparer tout l'écosystème.

Dès la mise en ligne de l'annonce sur Airbnb, j'ai reçu le lendemain des réservations. Mon premier voyageur était un compositeur argentin ayant une petite renommée, je m'en rappellerai toujours, c'était lui aussi la première fois qu'il essayait Airbnb et tout s'est parfaitement bien passé.

J'ai exploité le bien de cette façon pendant quelques mois, cela me permettant de rencontrer des gens de tout horizon, aussi bien des touristes, que des personnes en déplacements professionnels ou encore des étudiants en stage.

J'ai été beaucoup de fois invité à boire du Champagne avec mes clients autour d'apéros très sympas. Je me souviens de deux jeunes italiens qui étaient businessmen dans le milieu du vin et du Champagne et qui sont rentrés un soir de leur journée de rendez-vous avec du très bon Champagne, du très bon fromage et de la très bonne charcuterie avec quelques asperges et du bon beurre au demi-sel, sans oublier la bonne baguette française. C'était un vrai régal et un excellent moment, c'était comme des potes, on a bien profité !

C'est aussi ça Airbnb, pouvoir rencontrer des gens qu'on n'aurait jamais pu rencontrer dans la « monotonie » qui peut s'installer dans nos vies et c'est, par extension, se créer des souvenirs inoubliables.

J'ai également passé de très bons moments avec des étudiants à taper la classique pizzas et bière le soir quand ils rentraient de leurs stages. C'est quand même plus sympa que de manger tout seul, non ?

Très honnêtement, c'est très enrichissant et je ne peux que vous invitez à le faire. Si j'ai la chance de pouvoir revivre ce genre d'expériences, je le referais immédiatement.

Fut un moment où les vacances universitaires sont arrivées au mois de juin et où j'allais rentrer chez mes parents et donc laisser l'appartement vide. Ça me frustrait car je n'allais plus recevoir de virements et je laissais de manière délibérée l'appartement vide pendant les trois mois d'été…

J'ai alors eu l'idée de louer l'appartement non plus en chambre privée mais en logement entier. A l'époque, je ne connaissais pas trop le marché et je ne savais pas vraiment si cela allait fonctionner mais j'ai quand même essayé…

Il s'est avéré que c'était en fait la période de la pleine saison à Reims et ça a vraiment été « le feu ». L'appartement était loué tout le temps, ça partait le matin et ça rentrait quelques heures plus tard et je recevais des virements de logement entier donc des montants bien plus élevés. C'était trop cool.

Forcément, quand est arrivée la rentrée de Septembre, dans ma tête, c'était compliqué de me dire que j'allais retourner vivre dans cet appartement et donc toucher à nouveau un revenu de chambre privée… Ça me saoulait, on s'habitue vite à recevoir de l'argent, surtout quand on a 20-21 ans et que ce sont nos premiers vrais revenus. Quand on régresse financièrement, ça ne fait pas plaisir.

J'ai donc décidé de ne pas retourner à cet appartement qui générait bien trop de cash et je suis donc resté un peu plus longtemps que prévu chez mes parents…

Ça ne les dérangeait pas forcément puisqu'à l'âge que j'avais, 21 ans, ça ne faisait pas trop Tanguy et ma sœur venait également de partir pour les études donc ça leur faisait peut-être un peu bizarre…

A l'heure d'aujourd'hui, cet appartement continue d'être exploité en location saisonnière et il continue donc de gérer des revenus chaque mois, environ 1900€ de revenus bruts par mois.

C'est de cette façon que j'ai réalisé « ma » première opération immobilière en étant semi-actif puisque cela m'a permis de suivre une opération immobilière au niveau de l'achat car j'étais présent aux différentes étapes du processus de l'investissement que ce soit au-niveau des visites, chez le notaire, pour l'ameublement, pour la fiscalité et les déclarations administratives, mais surtout, je me suis beaucoup fait la main sur la location.

— *Le coût de l'opportunité* —

Alors certains se disent peut-être : « *bah oui Raph mais c'était simple pour toi, c'était un appartement à ta famille, bien placé, tu n'as pas eu à faire de crédit et tout donc bon...* ».

Oui et non. Certes, c'était une « facilité » mais j'aimerais également insister sur une notion importante : le coût de l'opportunité.

Combien de personnes, dans cette situation, auraient fait ce que j'ai fait ? Car il y a toujours une différence entre vouloir faire les choses et les réaliser réellement. Si je n'avais pas pris la décision de louer cet appartement et donc mettre en place tout un process pour en arriver à la première location, j'aurais « perdu », ou plutôt, je n'aurais pas gagné, plusieurs dizaines de milliers d'euros. Le coût de l'opportunité non réalisée aurait été énorme.

Et ça, c'est quelque chose qu'on voit tous les jours : des gens qui renoncent à des choix par flemme alors que l'opportunité est étalée devant leurs yeux.

Devant ma situation, beaucoup se seraient peut-être trouvés des excuses avec une tonne de « *oui, mais...* ».

Il suffit de savoir saisir les opportunités que la vie nous propose car la vie récompense toujours les gens qui passent à l'action : soit en leur donnant ce qu'ils pensaient recevoir, soit en leur apprenant une leçon de vie.

Vous verrez également dans les chapitres suivants comment j'ai pu acquérir mon premier appartement malgré mon statut d'étudiant fauché mais pour en revenir à cette sous-location, rien ne vous empêche de louer un appartement à un propriétaire et de le sous-louer en location saisonnière.

C'est une culbute très rentable bien que normalement illégale car la loi stipule qu'il est interdit de tirer un bénéfice d'une sous-location.

La loi explique que le mètre carré ne doit pas être sous-loué, à la nuitée, plus cher que ce qu'on paye par mois.

Si vous louez 600€/mois un logement de 20m^2, cela signifie que vous louez le m^2 à 30€/mois (sur la base d'un mois de 30 jours), soit 1€ par jour.

Vous ne devez pas dépasser ce montant lorsque vous sous-louez, c'est la règle pour éviter tout problème mais cela voudrait dire que vous ne pouvez pas louer plus de 20€ la nuitée et que, surtout, vous ne faites pas de bénéfices. C'est donc totalement inutile.

Mais il y a toujours des solutions et des nuances dans ce que la loi stipule si on est un peu joueur.

Premièrement, vous pouvez et vous devez, du moins je le recommande, avoir l'accord du propriétaire pour qu'il soit au courant de ce que vous faites. Donnez lui même un billet supplémentaire ou faites des petits travaux de rénovation dans son appartement pour le « saucer » un peu.

Une fois que ceci est réalisé, commencez à sous-louer et encaissez le cash, c'est aussi simple que cela.

Qui va honnêtement venir vous embêter ?

Attention, je ne parle pas du marché parisien qui est un microcosme isolé même si j'ai plusieurs amis qui ont empoché des milliers d'euros en faisant ceci. Je ne recommande pas de le faire à Paris.

Si on veut jouer sur la loi, la loi stipule qu'il est interdit de tirer un bénéfice de la sous location. Oui mais si le loyer que vous donnez au propriétaire est de 700€ et que vous sous-louez l'appartement à des touristes pour des contrats de 200€ ou de 300€, vous ne faites pas de bénéfice sur chaque contrat si on met en corrélation ce contrat avec le loyer que vous payez au propriétaire même si vous avez, on est d'accord, plusieurs contrats dans le mois qui, cumulés, font que vous faites des gros bénéfices…

Dans l'affaire, tout le monde est gagnant et c'est clairement une solution que j'avais envisagé pour débuter mais que je n'ai jamais appliqué personnellement car ma route s'est naturellement dessinée autrement comme on le verra tout au long de ce livre.

— *Comment déléguer la gestion d'une location saisonnière* —

Fut un moment où j'ai souhaité déléguer la gestion de cet appartement car cela était trop chronophage à mon goût et je sentais que je pouvais allouer mon temps à des activités bien plus rentables (comme développer mes activités sur Internet).

Le but n'était quand même pas de se créer un travail, ce n'était pas dans la prolongation du mindset que j'étais en train de me construire. Mais comment déléguer ? Ce n'est pas si évident que ça. Il ne faut pas tomber sur n'importe qui et surtout, il faut accepter l'idée de se dire que ça sera peut-être moins bien fait que lorsqu'on le faisait soi-même. Car c'est bien connu que tout ce qu'on fait soi-même est mieux que ce que font les autres.

Il faut trouver le bon compromis permettant d'apporter un indice de tranquillité satisfaisant. Un peu moins de rendement, un service un peu moins bien peut-être mais beaucoup plus de temps libre à côté pour générer plus de revenus par rapport à ce qu'on va payer au gestionnaire.

Je vous déconseille fortement de déléguer la gestion d'un bien loué en location saisonnière à une agence immobilière car ça coûtera cher et ce ne sera sûrement pas très bien fait (ménage approximatif et ponctualité également approximative). Après tout dépend du standing apporté à votre appartement.

Je vous déconseille aussi les sociétés spécialisées car elles sont, elles aussi, un peu chères et plus adaptées à des profils de non-investisseurs selon moi comme des gens qui partiraient en vacances et qui voudraient louer leur appartement une semaine ou deux pour gagner un peu d'argent sans avoir à galérer avec les clés, le ménage et les draps.

Ce que je préfère favoriser, ce sont les particuliers car vous supprimez les coûts de fonctionnement d'une structure et donc vous avez plus de marge de négociation sur les prix.

J'ai personnellement publié une annonce sur Leboncoin en indiquant que je recherchais un gestionnaire de bien immobilier. Je suis allé boire plusieurs cafés avec les différentes personnes que j'avais pu retenir après leur avoir fait remplir un petit questionnaire au préalable.

J'attache beaucoup d'importance au feeling lorsqu'il s'agit de relations humaines, aussi bien lorsqu'il faut choisir un gestionnaire ou un locataire.

Il y a des personnes que j'ai éjecté immédiatement quand je me suis rendu compte que leurs discours étaient irréalistes ou qu'elles demandaient des rémunérations incohérentes.

Très vite, au bout de deux, trois cafés, je suis quand même tombé sur une personne avec qui je suis passé à l'étape suivante.

C'est à dire qu'elle venait avec moi, sur le terrain, elle me regardait pour voir comment se passaient concrètement une ou deux rotations.

Ensuite, je la laissais faire deux ou trois rotations également dans le sens inverse où là c'était moi qui la regardait en action.

J'avais également préparé un petit document de présentation dans lequel j'avais récapitulé toutes les tâches à réaliser tout au long d'une rotation.

Après avoir passé ces différentes étapes, il arrive le moment où il faut accepter de laisser les clés à une personne qu'on connaît très peu et depuis peu. D'autant plus qu'on a choisi un particulier et non pas une société donc ça ajoute une petite dose de stress supplémentaire car si c'est une société, dans l'esprit des gens, « c'est sérieux » et on a des recours.

Et si le fameux gestionnaire se met en fait à squatter notre appartement ? Et si il se met à faire n'importe quoi avec les clients ? Et si il détruit mon business ?

On peut être en mesure de se poser tout un tas de questions et c'est normal. On se met en danger, on se rend vulnérable et l'être humain n'aime pas ça. On prend un risque et on veut que tout se passe bien.

Heureusement, le feeling est généralement très vite confirmé et tout se passe bien. De plus, avec les sites comme Airbnb, les voyageurs sont invités à laisser des notes et des commentaires et on peut toujours continuer à discuter avec nos clients. Ce qui fait que si ça se passait mal, dès la première rotation, on aurait pu le savoir et rectifier le tir auprès du gestionnaire ou dire carrément stop tout de suite.

De mon côté, ça s'est très bien passé et c'est une véritable personne en or que je compte désormais dans mon équipe. C'est notre business et je serais triste le jour où elle voudra arrêter de travailler avec moi.

Cette personne me soulage énormément en me libérant beaucoup de temps et ça me permet de travailler sur d'autres projets.

J'ai délégué à cette personne la gestion du checkin et du checkout ainsi que le nettoyage de l'appartement à chaque rotation et la prise en charge de la blanchisserie (draps et serviettes) à son domicile. Je continue encore à gérer les réservations car j'aime faire cela et j'adore échanger avec les clients par email et réserver pour eux une table dans un restaurant ou une visite de caves dans une maison de Champagne.

A vrai dire, je suis un peu triste de ne plus pouvoir être au contact direct des clients lors des checkin et des checkout car c'est quelque chose de très plaisant et enrichissant mais il faut savoir avancer dans la vie.

Il est inutile de vous dire combien je paie le gestionnaire car trop de paramètres peuvent rentrer en compte dans le montant de cette rémunération :

- nombre de rotations par mois
- surface de l'appartement
- montant des frais de ménage (si facturé aux clients)
- nombre de nuits minimum
- durée moyenne de séjour
- tarification (à la nuitée et en fonction du nombre de personnes)
- …

Il faut retenir qu'il y a trois façons de payer un gestionnaire en location saisonnière :

- à l'heure
- un forfait pour chaque rotation
- un pourcentage sur chiffre d'affaires

A vous de faire vos petits calculs afin de savoir ce qui est le plus avantageux pour tout le monde. Personnellement, j'ai choisi le forfait. C'est à dire que je paie un montant fixe pour un package qui comprend un checkin, un checkout, un ménage et la blanchisserie.

Pour le paiement, c'est très simple et vous allez en plus pouvoir passer cette charge dans votre comptabilité afin de diminuer votre base imposable.

Vous connaissez peut-être les CESU (Chèque Emploi Service Universel) qui est un moyen de paiement lorsqu'on emploi quelqu'un, en tant que particulier, pour des services à la personne.

Il existe la même chose pour les entreprises car vous êtes considérés comme une entreprise, même si vous investissez en nom propre, dès lors que vous possédez un numéro SIRET (ce qui est le cas si vous êtes en LMNP ou société).

Cela s'appelle le TESE (Titre Emploi Service Entreprise), c'est exactement la même chose que le CESU mais pour les entreprises. Les formalités administratives sont donc très simples pour tout le monde.

Une autre solution pour déléguer si vous le pouvez, c'est d'avoir recours à un boîtier à clés et à une femme de ménage payée à l'heure.

Certains investisseurs posent un boîtier à clés sécurisé à côté de la porte d'accès à l'appartement. Il leur suffit de donner le code d'accès à l'immeuble et le code d'accès à l'appartement et le tour est joué. Il n'y a pas besoin d'avoir recours à une présence humaine pour les checkin et les checkout et vous n'avez plus qu'à embaucher une femme de ménage payée à l'heure qui viendra faire le ménage entre les rotations et qui aura également accès aux différents codes d'accès.

La solution du boîtier à clés n'était pas possible pour moi puisque j'ai besoin d'un badge Vigik pour rentrer dans l'immeuble et qu'il n'y a pas de code à l'interphone. La présence humaine est donc obligatoire pour moi même si en réalité il existe des solutions si vous avez un ami électricien…

Un ami électricien pourra faire en sorte que lorsqu'on sonne chez vous, ça ouvre automatiquement la porte de l'immeuble de la même façon que cela se fait chez certains professionnels libéraux comme les médecins et autres spécialistes. A chaque problème sa solution…

Une opération immobilière visionnaire à gros rendement

« *Pour vendre, dis du bien. Pour acheter, dis du mal.* »

Proverbe arabe

Lorsqu'il a été question de réaliser mon premier investissement, il a fallu choisir le marché sur lequel interagir ainsi que la location souhaitée. J'avais le choix entre deux villes à proximité de chez moi. Reims, une ville de 200 000 habitants, très dynamique d'un point de vue touristique grâce au Champagne et peuplée d'un grand nombre d'étudiants et Epernay, une ville de 30 000 habitants environ, connue mondialement pour être la Capitale du Champagne, encore plus touristique que Reims mais où le marché de l'immobilier se porte moyennement bien et où il n'y a pas d'étudiants.

Comme j'aime le dire sur ClubMillionnaire et aux membres de mes programmes que j'accompagne, il existe 8 stratégies qui cartonnent en Immobilier :

- la colocation
- la location saisonnière
- le meublé étudiant
- les parkings
- la rénovation et la construction
- l'immeuble de rapport
- la division de biens
- l'achat-revente

Mon budget, à ce moment précis, me permettait plus de m'orienter vers la ville d'Epernay si je voulais acheter une surface intéressante. Le prix moyen du m^2 à Reims étant de 2000€/m^2 et à Epernay de 1500€/m^2.

Et il y avait quelque chose qui m'intriguait fortement à Epernay…

— *A Epernay, c'est Dom Pé & grosse voitures…* —

Comme je vous ai dit précédemment, Epernay est une ville connue mondialement pour être la capitale du Champagne. On dit même que l'Avenue de Champagne, une Avenue sur laquelle logent toutes les grandes maisons de Champagne, serait la plus riche du monde, avant même les Champs Elysées. Cela étant dû aux kilomètres de caves présents sous les pavés de l'Avenue de Champagne et regroupant un nombre incalculable de bouteilles de Champagne.

Je suis né à Epernay, j'ai grandi à Epernay, j'étais scolarisé à Epernay, je connais donc très bien cette ville. Et on ne peut pas dire que ce soit une ville pauvre. De nombreux touristes fortunés dépensent allégrement leur argent chez la très connue maison de Champagne « Moët & Chandon » parfois au volant de véhicules très sympas comme des Ferrari, McLaren, Maserati et autres joyeusetés…

L'idée d'un marché propice à la location saisonnière m'est immédiatement parvenue à l'esprit et c'est alors que j'ai commencé à réaliser ma petite étude de marché pour confirmer, ou non, la possibilité de réaliser un tel projet à Epernay.

C'était le choc. Je ne comprenais pas. Les chiffres du tourisme que j'avais trouvé étaient bons, les hôtels étaient remplis et le secteur se portait très bien, chose qui ne m'étonnait, à vrai dire, pas énormément.

Mais lorsque je concentrais mes recherches sur le meublé de tourisme et que je regardais les offres disponibles, c'était le néant. Hormis, deux ou trois chambres privées chez l'habitant et un logement entier qui, entre nous, ne donnait pas envie et semblait n'attirer aucun voyageur, il n'y avait rien d'autre !

J'étais très surpris et mon projet de location saisonnière s'était un peu évaporé, j'étais passé à autre chose me disant qu'il serait préférable d'investir à Reims, une ville bien plus sûre et dynamique.

Les mois sont passés et me rendant régulièrement à Epernay, j'en revenais toujours à la même interrogation. Touristes en terrasse en train de déguster du Champagne, sacs de Moët & Chandon arborés fièrement à la main des clients, voitures de luxe. Présence de plaques étrangères sur des gros bolides BMW venant de Pologne, République Tchèque, etc., des pays qu'on ne voyait pas avant, il y avait clairement un marché et très certainement de la demande pour loger tous ces touristes.

J'ai décidé de pousser plus loin mon étude de marché en publiant une fausse annonce avec un faux compte sur un site très connu de mise en relations entre propriétaires et locataires. Entre nous, l'annonce était un peu dégueulasse avec des photos d'assez piètres qualités mais devinez-quoi. Ça a immédiatement mordu. Des réservations arrivaient avec une frustration assez énorme de devoir les refuser car je n'avais pas de vrai logement à leur proposer…

Mais cette fois-ci, c'était fait dans ma tête. J'allais acheter un appartement en centre-ville, pourri, le retaper pour qu'il plaise à une clientèle étrangère et le louer. Au pire du pire, je rebasculerais cet appartement en location longue durée meublée, la chose étant entièrement prise en compte dans le prévisionnel de manière à avoir une opération rentable que ce soit en location saisonnière ou en location longue durée.

J'ai relaté entièrement et dans ses moindres détails cette opération dans un ebook gratuit que je propose sur *www.ClubMillionnaire.fr.* N'hésitez pas à vous le procurer si vous ne l'avez pas déjà fait !

— *Prendre l'argent à la banque de manière détournée...* —

Vouloir acheter un bien immobilier, c'est très bien. Pouvoir le financer, c'est encore mieux. Car oui, je suis à l'époque étudiant en médecine et autant dire que l'accès au prêt immobilier ne m'est pas encore autorisé. Il fallait donc trouver des solutions alternatives.

Vous allez me dire qu'on fait très vite le tour en terme de financement : c'est soit la banque ou soit un particulier (j'exclus le crowdfunding et les business angels qui ne financent pas des projets immobiliers pour des particuliers).

J'ai choisi d'opter pour la banque en allant donc chercher l'argent là où il est mais de manière détournée. Je n'ai pas choisi un prêt à la consommation mais un produit qui était totalement en adéquation avec mon statut d'étudiant : un prêt étudiant.

Il faut savoir que c'est vraiment très simple d'obtenir un prêt étudiant en France puisque la banque ne refuse quasiment jamais ce genre de prêts. Les banques se battent pour avoir des étudiants dans leurs fichiers car elles savent qu'ils sont le futur du pays et que c'est eux qui feront de l'épargne ensuite sur leurs livrets (et vous savez tous ce que la banque fait avec l'épargne des épargnants), la banque prend donc un pari sur le long terme en « lâchant » des prêts étudiants avec des conditions totalement incroyables.

Les montants montaient jusqu'à 50 000€ sur 10 ans avec une possibilité de différé de 5 ans (jamais vu sur un prêt immobilier) avec un taux d'intérêt qui va jusqu'à 0,9% (jamais vu non plus) et avec la possibilité de rembourser de manière anticipée sans indemnités (déjà vu mais il faut le négocier).

J'ai choisi de faire simple et de prendre la banque où je suis depuis tout petit et où mes parents sont également domiciliés. Il s'agit de la BNP et il s'avère que c'est la banque qui ouvrait le plus le robinet, à l'époque, en octroyant jusqu'à 50 000€.

J'ai donc réalisé le prêt étudiant suivant : 50 000€ avec un taux de 1,19% sur 10 ans comprenant 5 ans de différé et sans indemnités de remboursement anticipé. Pas dégueulasse.

Au niveau des pièces justificatives, il a simplement fallu prouver à la conseillère que j'étais étudiant en lui donnant mon récapitulatif d'inscription à la faculté (un document d'une seule page disant combien j'ai payé pour mes frais d'inscription).

Certaines banques ne demandent que la carte étudiante, la même qui permet d'avoir un burger en plus dans certains fast-food sur sa simple présentation…

Présentez-là à la banque et vous pourriez avoir 50 000€ sur votre compte en banque quelques jours plus tard. ☺

Le seul bémol reste que la banque souhaite avoir une caution « au cas où » et c'est tout à fait normal. Dans ce cas, l'évidence reste la caution parentale. Il s'agit d'un document avec un paragraphe à recopier par la caution stipulant que la caution s'engage à rembourser le prêt en cas de défaillance de remboursement par l'emprunteur et c'est terminé. Si vous n'avez aucun garant dans votre entourage, sachez que l'Etat peut se porter caution sur votre prêt étudiant, c'est une solution alternative également.

Une fois le contrat signé, le cash arrive sur le compte en banque, dans sa totalité, sous quelques jours, c'est très rapide. Sachez que la banque ne débloque pas de manière fragmentée l'argent sur présentation d'un justificatif de dépenses comme on a pu me le demander.

La banque n'a aucun droit de regard sur ce qui est fait de l'argent et ceci est clairement écrit sur le contrat que vous signez. Vous pourriez acheter un iPhone, une Porsche ou un séjour aux Seychelles et tout irait bien.

A l'heure où j'écris ces lignes, il n'y a que la Société Générale qui stipule clairement dans ses conditions qu'il est interdit d'acheter un bien immobilier avec le prêt étudiant, toutes les autres banques ne font aucune mention de ceci.

Au niveau de la légalité de l'opération, cela est entièrement légal (du moins, ce n'est pas écrit que c'est illégal) bien que pas destiné à l'investissement immobilier en premier lieu. Toutefois, vous pourriez très bien acheter un bien immobilier pour votre propre compte afin de vous loger en tant qu'étudiant, ce qui ne serait pas un choix idiot et même plutôt judicieux.

Certaines personnes m'ont indiqué que ceci était illégal mais, à l'heure d'aujourd'hui, j'attends toujours la loi, le décret, le document, ou autre, m'indiquant que ceci est illégal.

D'ailleurs, il faut savoir que ma conseillère a su par la suite que j'avais investi dans un bien immobilier en location saisonnière à quelques rues de l'agence bancaire en question. Elle m'a félicité de cette très belle opération allant jusqu'à dire que j'étais un « petit génie ». Si cela avait été si illégal, je ne suis pas sûr que j'aurais reçu ces mots de la part de ma conseillère. Encore une fois, il s'agit de paroles venant de personnes qui ne font rien et qui veulent freiner l'avancée ou inquiéter ceux qui ont des résultats.

— Acheter un bien pourri et le transformer en machine à billets —

Concernant le bien que j'ai trouvé, il s'agit d'un T2 de 43m^2. Je n'ai pas eu à effectuer beaucoup de visites car le marché immobilier à Epernay est peu liquide. Tenez-vous bien, le bien que j'ai acheté pour cette opération était en vente depuis bien plus longtemps que quelques mois (deux ou trois ans si je me souviens bien)... Et pourtant, cette affaire me dégage aujourd'hui une rentabilité brute de 25,3% et du cashflow positif de manière insolente. Ah, les joies de la province !

J'ai dû effectuer seulement trois ou quatre visites, à peine et j'ai fini par acheter le bien en question à un jeune agent immobilier avec qui j'étais en cours de sport au lycée.

Le prix du m^2 à Epernay est en moyenne à 1500€ et en centre-ville, là où j'ai acheté mon bien immobilier, ça frôle les 2000€.

J'ai acheté mes 43m^2 à 50 700€ frais d'agence et frais de notaire inclus, soit à 1179€/m^2.

Il y avait beaucoup de choses à réaliser dans cet appartement afin de pouvoir rendre celui-ci viable pour une location saisonnière.

Voici les différents travaux que j'ai réalisé (ou plutôt que les artisans ont réalisé) :

- changement de tous les sols (parquet et carrelage)
- peinte de tous les murs et plafonds en blanc
- isolation thermique des murs donnant sur l'extérieur
- mise aux normes de l'installation électrique
- changement complet de la cuisine
- destruction et construction d'une nouvelle salle de bains

C'était un joli petit chantier dans lequel je me suis improvisé chef de chantier, ça n'était pas facile tous les jours quand le plombier était prêt à continuer et qu'il avait bloqué son calendrier mais que le plaquiste lui prenait du retard et bloquait tout le monde par exemple.

Au final, j'ai lâché un petit billet d'environ 15 000€ pour réaliser les travaux et l'ameublement de l'appartement.

Les gens me demandent souvent comment j'ai fait pour apporter environ 15 000€ d'apport à ce projet en sachant que j'avais cramé les 50 000€ du prêt étudiant dans l'achat du bien immobilier en lui-même avec les frais d'agence et les frais de notaire.

En effet, j'ai été obligé dans cette opération d'apporter des fonds propres.

Les 15 000€ d'apport personnel provenaient de deux sources de revenus :

- l'exploitation du bien en sous-location saisonnière dont on a parlé précédemment qui m'avait permis de générer plusieurs milliers d'euros

- des cours de maths et de médecine que j'ai dispensé à différents étudiants et des cours d'informatique à des adultes et retraités

Après avoir réalisé tous les travaux, avec un peu plus de délai que prévu, et après avoir meublé l'appartement dans une décoration entièrement orientée vers le Champagne (lampes de chevet modelées dans des bouteilles de Dom Pérignon, vase en forme de bouteille, capsules et bouteilles en décoration, etc.), il a fallu louer l'appartement.

C'était le moment fatidique. Est-ce que ça allait mordre à l'hameçon sur un « vrai » appartement dans la vraie vie ? Il y a toujours ce petit moment de doute lorsqu'on met en application une nouvelle chose.

Fort heureusement, ça a immédiatement mordu puisque j'ai reçu une poignée d'heures plus tard ma première réservation pour quatorze nuitées, excellent !

Depuis le début de la mise en location, l'appartement est tout le temps loué et fonctionne même carrément mieux que le meublé touristique de Reims à ma grande surprise et à la surprise de beaucoup de personnes connaissant les deux villes.

Epernay, cette si petite ville de province mais mondialement connue comme étant la capitale mondiale du Champagne, draine un flot de visiteurs impressionnant avec un demi-million de visiteurs chaque année. Un chiffre qui devrait d'ailleurs augmenter suite à l'inscription au Patrimoine mondial de l'Humanité de l'Unesco des coteaux, des maisons et des caves de Champagne

Je pourrais très clairement investir dans cinq ou six meublés touristiques de plus qu'ils seraient tous loués. Le filon commence à être d'ailleurs de plus en plus exploité car je constate qu'il y a de plus en plus d'offres qui apparaissent pour des meublés touristiques sur Epernay.

Cet appartement génère un peu plus de 17 000€ de chiffre d'affaires par année. Si vous corrélez ce chiffre d'affaires au montant que j'ai à rembourser à la banque de 50 000€ pour l'emprunt, on se rend compte que les chiffres sont plutôt bons.

Il ne suffirait de même pas trois années de chiffre d'affaires pour rembourser l'appartement. Alors oui, on parle de chiffres d'affaires donc il n'y a pas 17 000€ net net qui tombent dans ma poche chaque année car il y a des charges à assumer. Mais quand même. On comprend vite qu'il faudra bien moins des vingt années communément acceptées dans l'immobilier pour rembourser cet appartement.

L'appartement génère actuellement du cashflow chaque mois, il sera remboursé en quelques années seulement (je pourrais faire un arbitrage et choisir de solder le crédit bien avant avec l'aide de bénéfices issus d'autres business) et permettra donc de générer des loyers pleins d'environ 1400-1500€/mois très rapidement. Une bonne affaire.

J'ai là aussi choisi de déléguer la gestion de cet appartement car il était techniquement parlant impossible de gérer un meublé touristique à Reims et un autre à Epernay, les deux villes étant séparées par 30 kilomètres et par 30 minutes de voiture. D'autant plus que les checkin et les checkout ont tendance à avoir lieu aux mêmes horaires, la gestion aurait donc été impossible et remplie de stress si un client avait du retard et que je devais être l'heure d'après dans l'autre ville pour un autre checkin…

J'ai trouvé cette seconde personne de la même façon que pour le premier meublé touristique et dans les mêmes conditions.

Là aussi, c'est une personne en or et j'espère qu'on pourra travailler ensemble très longtemps. Cette personne fait partie de mon équipe et je ne voudrais vraiment pas qu'elle s'en aille.

Cela me permet donc d'avoir un business entièrement automatisé générant des revenus et me permettant d'être focus sur d'autres projets.

Mentir aux banques pour mieux avancer ?

« N'attendez pas pour acheter de l'immobilier, achetez de l'immobilier et attendez ! »

Raphaël Carteni

Je venais de réaliser ma première opération immobilière au travers d'un prêt étudiant et j'avais donc vu que ça marchait sans trop de difficultés techniques ! Alors après tout, pourquoi ne pas recommencer ? L'idée me trottait sérieusement dans la tête, c'était la seule façon pour moi de pouvoir continuer à investir dans l'immobilier alors que j'étais encore étudiant et en sachant que mes business en ligne n'avaient pas encore de crédibilité aux yeux des banques.

Il faut savoir que les banques n'ont pas de fichier de recoupement entre elles et elles ne peuvent donc pas savoir si vous mentez lorsque vous dites que vous n'avez pas d'autres crédits. Elles ne peuvent pas vérifier cette information, elles n'en ont pas la capacité.

C'est ainsi que de nombreux investisseurs aguerris, pour pouvoir avancer dans leurs investissements, se mettent à mentir et à jouer avec les banques pour obtenir des prêts immobiliers plus facilement. Soit en mentant sur l'existence actuelle d'autres crédits en cours pour réduire le taux d'endettement, soit en faisant passer plusieurs opérations immobilières en même temps auprès de banques différentes.

La seule façon où un investisseur pourrait être inquiété, c'est par la société de cautionnement qui va assurer le prêt. Il y a certaines sociétés de cautionnement qui travaillent avec plusieurs banques et ces sociétés ont donc une vue d'ensemble du profil de l'emprunteur et peuvent donc savoir si vous avez déjà un autre prêt dans une autre banque qui est assuré par leur propre société de cautionnement.

Cela serait donc un motif de refus de financement et on se ferait griller auprès de notre banque, ce qui est donc quelque chose à bien regarder avant de vouloir jouer avec les banques.

A savoir que vous avez trois possibilités pour assurer votre crédit :

- la société de cautionnement
- l'hypothèque
- l'IPPD (Inscription de Privilège Prêteur de Deniers)

Il n'y a qu'à travers la société de cautionnement que vous pouvez vous faire cramer car il s'agit d'une société externe qui peut travailler avec plusieurs banques et qui a donc une vue d'ensemble tandis que l'hypothèque et l'IPPD sont internes et propres à la banque.

Malheureusement pour les investisseurs, la tendance aujourd'hui est à la société de cautionnement car ceci est un marché très lucratif pour les banques.

Concernant les prêts étudiants, c'était encore plus simple. Aussi bien au niveau de la paperasse que de ces différents organismes. Le banquier, lorsqu'il prête à un étudiant, n'imagine pas une seconde que ce dernier va se servir des fonds pour financer de l'immobilier ou autre, il pense sincèrement qu'il va s'en servir pour financer ses meubles, son loyer, ses courses, sa voiture, ses frais de scolarité…

Il y a quand même une société de cautionnement pour les prêts étudiants mais il est très simple de les esquiver. Il suffit de regarder quelle est cette société dans la simulation de prêt étudiant éditée par la banque et de vérifier qu'il ne s'agit pas du même qui figure sur vos autres prêts étudiants si vous en avez plusieurs…

— *J'ai menti à la banquière…* —

C'est alors que je me suis convaincu de retenter l'expérience de me faire financer un second prêt étudiant quelques mois plus tard après le premier. Bien évidemment en mentant car on a le droit qu'à un seul prêt étudiant normalement.

Après avoir fait le tour des différentes banques sur Internet pour voir le montant qu'elles pouvaient financer pour un prêt étudiant, je me suis arrêté sur la Caisse d'Epargne qui proposait jusqu'à 45 000€. La deuxième banque, après la BNP, qui proposait le plus de cash.

Je compose le numéro de téléphone sur mon iPhone et je tombe sur une conseillère qui me donne un rendez-vous pour dans quelques jours… Dans ma tête, immédiatement, je commence à me construire un scénario en imaginant des questions qu'elle pourrait me poser pour y répondre rapidement et naturellement.

Je me dis qu'il faut que je vide mon portefeuille de mes autres cartes bancaires (BNP, Boursorama, Number26) pour ne pas me faire griller si elle me demande ma carte d'identité. Je me dis qu'il ne faut surtout pas que je me crame sur le fait que j'ai déjà trois autres comptes bancaires, je dois faire comme si j'en avais zéro.

Sachant qu'aucun membre de ma famille n'est dans cette banque, je me dis qu'il faut aussi que je réfléchisse à pourquoi j'ai choisi cette banque et pas une autre…

Bref, quelques préliminaires importants pour ne pas trop se faire cramer…

Le jour du rendez-vous arrive, je me rends à l'agence bancaire en prenant soin d'avoir allégé mon portefeuille de mes autres cartes bancaires. Je tombe sur une conseillère jeune qui vient visiblement de terminer ses études assez récemment, le feeling passe plutôt bien et on parle un peu de tout et n'importe quoi. Et ça c'est un vrai danger car nos gardes baissent.

La personne est jeune, on s'identifie à elle, on parle de choses banales de la vie de tous les jours, presque comme une amie. Nos barrières tremblent et c'est là toute l'importance de rester focus et concentré sur ce qu'on était venu faire.

Elle me demande classiquement ce que je fais comme études et quel est l'objet du rendez-vous…

Je lui sors mon scénario que j'avais préparé et lui dis donc très clairement que je suis étudiant en troisième année de médecine, que j'habite encore chez mes parents et que j'ai pour l'instant encore zéro compte en banque et que mes parents me filent du liquide pour mes sorties et c'est tout vu que je n'ai pas de dépenses comme les courses ou le loyer à payer.

Je lui dis que ça commence un peu à me saouler et que je voudrais prendre mon indépendance, avoir mon appartement, que je pense que c'est le bon moment et que je veux mon propre compte en banque. Pour cela, bien évidemment, je lui dis qu'il me faudrait un prêt étudiant car je suis à poil, je suis un pauvre étudiant fauché (qui touche quand même déjà 3300€ de revenus bruts avec l'immobilier seulement)…

Mon scénario se déroule à merveille, elle me demande pourquoi j'ai choisi cette banque ? J'avais réfléchi à cette question et je lui réponds simplement que j'avais demandé à plusieurs amis sur Facebook pour faire un petit sondage et je ne lui réponds pas que c'était parce que c'était elle qui proposait le plus de flouze.

Là, elle me dit : « *oh, ça tombe bien, on a un système de parrainage, c'est quoi le nom de votre ami, vous pouvez gagner tous les deux 80€ !* ». Merde, depuis quand les banques en ligne physiques avaient des programmes de parrainage de ce type ?! J'avais lâché un gros mytho donc je n'avais aucun nom à fournir. Je lui dis que j'ai fait un sondage et que j'ai eu pas mal de réponses et que je ne sais plus exactement quel pote m'avait recommandé la banque et que je lui dirais plus tard le nom… Ouf, ça passe…

Elle commence à vouloir me faire une estimation de combien j'aurais besoin. Elle commence à me questionner pour essayer d'estimer le plus parfaitement combien elle va me prêter.

Dans ma tête, ça ne me plaît pas, je veux décrocher le maximum. Je rentre dans son jeu, elle fait son petit prévisionnel et elle arrive à la fin à une somme qui devait correspondre à 60-70% du montant maximum si je me rappelle bien… Je n'allais rien pouvoir faire avec cette somme si je souhaitais vraiment l'investir en immobilier, c'était soit 100%, soit rien du tout…

Je lui dis : « *mais si je n'ai pas assez avec ce que vous me proposez, est-ce que je peux réemprunter après ?* », elle me répond que non… Je lui dis alors, que par sécurité, ça serait mieux de prendre le maximum quitte à ce que je ne m'en serve pas et que je lui rende après plutôt que de vouloir budgéter parfaitement et ne pas avoir assez…

Faire un budget précis pour plusieurs années, ce n'est quand même pas évident après tout... Elle semble plutôt d'accord et je réussis de cette façon à décrocher 100% du prêt étudiant soit 45 000€.

Une fois de plus, la démarche a été très simple, elle a rempli différentes informations sur son ordinateur pour générer l'offre et le contrat, elle ne m'a demandé que ma carte d'identité et une attestation de scolarité (un récapitulatif de ce que j'ai payé en début d'année a encore suffit) et c'est tout. Ah si ! Elle m'a demandé si j'avais d'autres comptes ou crédits, question à laquelle j'ai bien évidemment répondu par la négative avec un joli sourire.

D'ailleurs, pour la petite anecdote, cette petite stratégie du prêt étudiant pourrait durer longtemps puisque je m'étais amusé à regarder ce que les différentes banques françaises proposent pour les prêts étudiants et voici ce que j'ai trouvé :

- BNP Paribas : 50 000€
- Caisse d'Epargne : 45 000€
- LCL : 45 000€
- CIC : 40 000€
- Crédit Mutuel : 40 000€
- AXA Banque : 35 000€
- Banque Postale : 35 000€
- Banque Populaire : 30 000€
- HSBC : 25 000€
- Crédit Agricole : 21 500€

Si on additionne tous ces prêts étudiants, cela fait un montant total de 366 500€, soit plus d'un tiers de million d'euros... (ces montants changent évidemment chaque année).

Il est tout à fait envisageable que le notaire reçoive de l'argent de deux banques différentes lors de la signature de l'acte authentique, cela ne poserait pas de soucis.

Rappelez-vous qu'il n'y a aucun fichier de recoupement entre les banques donc si vous avez une personne qui se porte caution pour vous avec une mentalité d'investisseur et un peu borderline, autant vous dire que vous pourriez déjà vous constituer un patrimoine immobilier très sympa de plus d'un tiers de million d'euros (sans compter la valorisation naturelle et par les travaux...) dès votre plus jeune âge.

Alors attention, je n'incite vraiment personne à faire ceci car on parle quand même de plus d'un tiers de million d'euros. Il faut savoir garder un sang-froid important et avoir une très bonne connaissance du marché immobilier pour commencer à investir ces montants. Cela pourrait également se retourner contre vous et vous pourriez démarrer la vie de la manière la plus catastrophique qu'il soit.

Faut-il mentir pour avancer ? C'est une belle question et je pense que cela dépend sur quoi et pour quoi on ment.

Personnellement, je vis très bien ce petit mensonge car je sais très bien où je vais. Je n'ai pas souscrit à ce prêt pour m'acheter un Porsche Cayenne et flamber dans les rues de Reims le samedi soir.

Je l'ai souscrit pour acquérir un actif qui va me générer des revenus et rembourser tout seul le prêt étudiant tout en me permettant de créer du patrimoine, de générer du cashflow sans compter l'appréciation du bien et la valorisation de celui-ci par des travaux de rénovation...

Je sais que je rembourserais ce prêt à la banque sans broncher en temps et en heure. Dans l'histoire, tout le monde sera gagnant et peut-être que l'on retravaillera ensemble dans le futur et qu'ils auront apprécié ma débrouillardise lorsque je leur révélerais ce que j'ai finalement fait avec ce prêt à 22 ans.

Une fois le prêt accordé et débloqué quelques jours après à un taux exceptionnel de 0,9%, j'ai presque oublié de vous le dire, il a fallu que je parte à la recherche d'une petite pépite.

— *On ne me prend pas au sérieux lorsque je visite des biens immobiliers...* —

Je me suis concentré sur la ville de Reims pour ce bien car je souhaitais acquérir un studio dans l'objectif d'en faire un meublé étudiant. Reims est une ville étudiante donc la location étudiante est un jeu d'enfant, par contre, la recherche de petites surfaces est, elle, moins aisée...

En effet, mes échanges avec de nombreux investisseurs rémois m'avaient permis de conclure là-dessus : les petites surfaces à la vente sont rares et prisées (comme sur beaucoup de marchés).

J'ai commencé mes recherches en arpentant les sites Leboncoin et Seloger et en paramétrant différentes alertes. Je me suis rendu directement dans les agences pour me faire connaître et j'ai commencé à effectuer mes premières visites avec des agents immobiliers.

Certaines visites étaient très « marrantes » ayant le droit à l'arrogance de certains agents immobiliers en voyant arriver un gosse de 22 ans habillé comme un gosse de 22 ans…

« *C'est avec vous que j'ai rendez-vous ?* », l'air étonné…

« *Et concernant votre financement, c'est ok ? C'est un*

héritage, une succession ? Vous achetez cash ? », paroles de l'agent immobilier à peine passé la porte de l'immeuble en montant les marches des communs…

Cet agent immobilier était un vrai sketch… Quand je lui ai dit que le bien qu'il m'avait présenté ne me plaisait pas du tout et que les projections financières n'étaient pas bonnes, il s'est tout de suite braqué de manière indirecte.

Il a tenu à me montrer une opération qu'il avait fait à quelques rues de notre visite comme si il voulait me prouver que tout ce qu'il proposait, c'était du lourd…

Puis, en marchant pour rentrer, il lâche de manière totalement anodine : « *vous savez M. Carteni, il faut oser* ». Je n'ai pas relevé sur l'instant mais c'était clairement de l'arrogance. Traduction : « *Vous savez M. Carteni, il faut y aller, il ne faut pas avoir peur, t'as des couilles ou pas d'acheter ?* ». Non, désolé, je n'ai pas de couilles à acheter ton truc là…

Si c'était ma 10ème visite avec lui, pourquoi pas (et encore). Sauf que c'était seulement la première visite.

— *Le vendeur était bourré et voulait un dessous de table en cash…* —

J'ai également visité un appartement qui était top, des combles dans lesquelles il y avait tout à refaire, c'était un plateau. Le prévisionnel était bon, mon artisan était venu chiffrer le montant des travaux, il n'y avait plus qu'à signer le compromis et démarrer les travaux.

Le problème venait de l'agent immobilier lorsqu'il m'a dit : « *pour le prix, c'est écrit x€ sur l'annonce mais vous pouvez l'avoir à x€ en officiel et x€ en dessous de table* ». Autrement dit, il me proposait un prix plus bas si j'acceptais de faire un dessous de table au vendeur et à l'agent immobilier, c'est à dire de leur lâcher une bonne grosse liasse de billets au black.

Au moment de cette négociation, j'étais en Pologne avec des amis en train de tester toutes les différentes Vodka polonaises à coup de shooters.

Et cette négociation m'ennuyait fortement puisque l'affaire était bonne.

Il fallait réunir plusieurs milliers d'euros en cash. En soit, ce n'était pas forcément le plus dur.

Je me mettais dans l'illégalité à réaliser une opération de ce type. Après tout, c'est surtout l'agent immobilier qui risquait sa place et le vendeur qui était déjà dans la merde (je vous raconte juste après).

En fait, ce qui m'a fait ne pas signer cette affaire, ce n'est pas tant la forme de l'opération avec un dessous de table.

Dans l'immobilier, tous les gros investisseurs ont déjà réalisé des opérations borderline : dessous de table, faux montages de financement, expulsions de locataires mauvais payeurs de manière non juridique (aussi appelée « la méthode corse »), fausses factures et j'en passe...

Attention, je ne dis clairement pas que je recommande de faire tout ce que je viens de citer...

Ce qui m'a freiné, c'est l'attitude de l'agent immobilier qui était beaucoup trop collant à toujours m'appeler et à me faire de faux coups de pression pour que je signe rapidement...

Mais surtout, le point final a été lorsque nous nous sommes rencontrés tous ensemble : l'agent immobilier, le vendeur et moi.

Le vendeur nous avait déjà mis une carotte pour le premier rendez-vous et cette fois-ci, nous nous rendions directement sur son lieu de travail vers 20h/20h30. C'était un soir d'hiver et il faisait donc déjà nuit. Son lieu de travail était un peu glauque, situé juste en face d'une prison, montrant le signe d'une activité professionnelle très faible.

Lorsqu'on est arrivé dans son tout petit bureau où on était collé l'un à l'autre, le vendeur était bourré... Il parlait comme si j'étais son pote et pensait que je venais pour signer le compromis et lui apporter son cash. Il me disait qu'il n'y avait aucun risque et qu'il mettrait le cash en sécurité dans le bureau en question dans lequel nous étions dans son mini frigo derrière lui... Oui, oui, vous avez bien lu.

Un mec bourré que je ne connais pas et qui veut que je lui file plusieurs milliers d'euros en cash pour qu'il les stocke dans son mini frigo... Guignol !

Voyant mon scepticisme apparaître lorsque je lui disais que ce mode opératoire ne me plaisait pas du tout alors que lui était obstiné à ne rien vouloir changer aux conditions, il commençait un peu à changer de ton jusqu'à dire que je l'emmerdais à venir lui rendre visite à des heures pareilles et qu'il devait rentrer chez lui retrouver sa femme et ses enfants pour manger...

Autant vous dire que l'affaire s'est arrêtée nette à ce moment précis.

En fait, le mec avait des problèmes d'argent et voulait faire un dessous de table pour garder du cash pour lui car l'argent issu de la vente de l'appartement ne lui serait pas parvenu et aurait servi à rembourser des dettes qu'il avait. Bref, le monsieur était dans une descente en enfer comme on dit : dettes, alcoolisme, activité professionnelle en déclin…

— *Quand négocier se retourne contre nous…* —

J'ai réalisé d'autres visites jusqu'à trouver le bien qu'il me fallait… Une fois de plus, l'agent immobilier a également été un peu arrogant avec moi mais j'ai quand même conclu le deal avec lui (on ne va pas s'arrêter à ça).

Il s'agissait d'un studio de $20m^2$ qui était situé en hyper centre de Reims. La propriétaire vendait six ou sept lots qu'elle possédait dans l'immeuble et ils sont tous partis en une semaine à peine…

Le jeu de la négociation s'est retourné contre moi lorsque j'ai voulu négocier car il y avait beaucoup d'acheteurs prêts à acheter au prix et sans conditions suspensives…

J'ai d'abord proposé un prix « insolent » de 45 000€, frais d'agence inclus, au lieu de 52 000€, frais d'agence inclus (-13,46%), qui a fait rigoler l'agent immobilier. La vendeuse a refusé mon offre et voulait me faire un petit geste de 500€. L'agent immobilier voulait compléter ce geste en prenant également 500€ sur ces frais d'agence.

J'ai voulu gratter un petit peu plus en disant que je signais tout de suite si au lieu des 1000€ de geste, on descendait à 2000€.

Cela s'est retourné contre moi puisque entre temps, un autre acheteur a voulu acheter cash sans conditions suspensives. Vrai ou pas, on n'en sait rien mais, connaissant le marché, cela n'est clairement pas improbable.

L'agent immobilier m'a dit : « *Vous étiez le premier, c'est la raison pour laquelle je vous appelle, vous avez la priorité mais il n'est plus possible de négocier, c'est au prix ou rien* ».

Bon, les chiffres sont quand même bons… Allons-y, même si il y avait un peu de frustration dans l'air, j'ai acheté au prix, soit 52 000€ FAI.

C'est alors que nous avons signé le compromis, l'agent immobilier continuant d'être un peu arrogant avec moi pensant que je ne comprenais rien à ce que j'étais en train de signer. Il me faisait un vrai cours de décryptage d'un compromis. Il était très fier de lui et aimait se vanter de ses performances immobilières passées. Cool mec…

J'avais donc signé pour un studio de 20m^2 en hyper centre de Reims afin de réaliser un meublé étudiant…

— *Comment j'ai « viré » mon locataire de manière semi-illégale…* —

Oui, je souhaitais réaliser un meublé étudiant sauf que j'avais acheté un studio déjà occupé et loué en nu…

Il faut savoir que la location nue d'un studio est clairement à proscrire pour plusieurs raisons :

- loyer plus bas
- fiscalité plus agressive
- contrat de location moins souple

Si vous êtes dans une ville étudiante et que vous possédez un studio, vous devez louer celui-ci à un étudiant en meublé.

Certes, il va falloir meubler l'appartement et cela a un coût (- de 2000€ avec du bon vieux Ikea) mais vous allez pouvoir louer votre studio de 10 à 30% plus cher qu'en location nue.

Derrière, vous allez pouvoir profiter d'une des dernières niches fiscales qui est celle de la location meublée.

Parler de fiscalité dans ce livre serait inapproprié car chaque situation est unique et en fonction de :

- vos objectifs : investir pour du cashflow immédiat, pour du patrimoine pour la retraite, pour prévoir la succession à vos enfants.

- votre investissement : un immeuble, un studio, des locaux commerciaux, une batterie de garages…

- votre statut : vous investissez en personne physique ou en société

- vos revenus : vous gagnez 30k€ ou 300k€ par an…

- votre vie familiale : vous êtes mariés ou non, vous avez des enfants ou non…

- …

En fonction de tous ces critères, vous pouvez choisir plein de scénarios différents.

C'est la raison pour laquelle je vous invite à retenir simplement que la location meublée est aujourd'hui une niche fiscale très intéressante et n'hésitez pas à en parler avec un expert-comptable spécialisé en immobilier qui saura vous conseiller comme il se doit.

Au niveau du contrat de location, le contrat est établi pour une durée de neuf ou douze mois en location meublée alors qu'il est de trois ans en location nue. Vous avez donc normalement un peu plus de turn-over en location meublée. Certains voient cela comme un handicap avec des potentielles vacances locatives.

Moi, je vois cela comme un avantage avec la possibilité d'entretenir le bien et de réviser les loyers. La vacance locative sur un studio en meublé étudiant dans une ville étudiante est quelque chose de quasi « improbable » tant la demande est forte.

La crainte de ne pas pouvoir louer si vous ne proposez pas votre bien à la location pendant la période estivale est infondée.

Je vois beaucoup d'amis investisseurs louer leurs biens en dehors de cette fameuse période estivale car il y a des rentrées décalées pour certains étudiants (notamment les infirmières par exemple).

Au pire du pire, il vous reste la possibilité de louer quelques nuits dans le mois en saisonnier pour générer le chiffre que vous auriez généré en un mois de location meublée pour combler le vide et rembourser votre crédit mais, ça, c'est vraiment le scénario noir.

De mon côté, je savais que le locataire souhaitait éventuellement partir à la fin de l'année scolaire lorsque j'ai signé en début d'année mais rien n'était officiel et sûr.

A savoir qu'il est normalement possible de mettre à la porte légalement un locataire pour les trois raisons suivantes :

- On souhaite revendre le bien.

- On souhaite se loger personnellement dans le bien ou y loger un membre de sa famille.

- Le locataire a manqué à ses obligations de paiement du loyer et/ou des charges ou il y a un motif légitime comme des troubles du voisinage.

Mais il faut savoir, que depuis l'article 15 de la loi du 6 juillet 1989 de la loi Alur de 2014 couplée à l'article 82 de la loi Macron, il est impossible de donner congé à un locataire si on n'est pas propriétaire depuis au moins deux ans du bien immobilier en question…

Ci-joint les contraintes pour le bailleur :

« - *Lorsque le terme du contrat de location en cours intervient plus de trois ans après la date d'acquisition, le bailleur peut donner congé à son locataire pour vendre le logement au terme du contrat de location en cours ;*

- Lorsque le terme du contrat de location en cours intervient moins de trois ans après la date d'acquisition, le

bailleur ne peut donner congé à son locataire pour vendre le logement qu'au terme de la première reconduction tacite ou du premier renouvellement du contrat de location en cours ;

- Lorsque le terme du contrat de location en cours intervient moins de deux ans après la date d'acquisition, le congé pour reprise donné par le bailleur au terme du contrat de location en cours ne prend effet qu'à l'expiration d'une durée de deux ans à compter de la date d'acquisition. »

Une fois de plus, les locataires sont extrêmement protégés en France.

Autant dire que je ne rentrais dans aucune case de ces trois conditions et que je n'étais surtout pas propriétaire depuis deux ans mais depuis trois ou quatre mois seulement...

Il faut parfois être un peu borderline et j'ai donc envoyé un courrier en recommandé avec accusé de réception au locataire lui indiquant que je souhaitais récupérer l'appartement pour y loger personnellement pour mes études de médecine.

Lettre à laquelle il a répondu favorablement car il m'a confirmé à nouveau qu'il souhaitait de toute façon changer d'appartement pour en prendre un plus grand.

Semi-illégalité...

Je n'avais pas forcément le droit d'envoyer ce courrier mais je ne virais pas illégalement mon locataire puisqu'il souhaitait de toute façon partir de son plein gré.

Il faut savoir que les trois contraintes que je vous ai données ci-dessus en italique sont très peu connues déjà du côté des investisseurs et, de l'autre, encore moins du côté des particuliers locataires.

En effectuant une recherche Google, peu de sites, dont certains d'autorité, ne font état de ce fameux délai de deux années…

Lorsque mon notaire a appris que j'ai envoyé ce courrier à cause de l'agent immobilier qui a parlé de ça lors de la signature de l'acte authentique, il était « choqué » et m'a fait les gros yeux.

> « *Vous avez fait ça M. Carteni ?! Ça n'a aucune valeur juridique* ».

Bref, j'ai pris un risque dans la forme et le procédé en m'exposant à une amende pénale si l'ancien locataire à qui j'ai donné congé venait à contester celui-ci mais, une fois de plus, le locataire souhaitait lui-même partir donc le risque que cette situation intervienne était nul.

— *Comment j'ai loué mon bien en UNE seule visite (ou le cercle vertueux des affaires)* —

Suite à la sortie de mon locataire, j'ai réalisé des mini-travaux en changeant la cuisine, en posant un coffrage pour le chauffe-eau, en changeant un mécanisme pour les volets qui était cassé et j'ai surtout meublé l'appartement afin de déclencher l'effet coup de cœur avec l'aide de mon ami de vieille date : Ikea.

Je n'ai réalisé qu'une seule visite pour trouver mon locataire, parfait.

Je louais mon appartement en location saisonnière à Reims à deux clients en provenance de Malaga, en Espagne.

Après le checkin, la personne qui gère pour moi cet appartement m'appelle en me disant que les deux clients sont en fait à Reims pour trouver un appartement pour leur fils qui va venir faire des études ici.

De mon côté, je venais de publier l'annonce sur Leboncoin le matin même et je me faisais déjà submerger d'appels et d'emails... La perspective de devoir trier tout ça m'ennuyait un petit peu à vrai dire.

J'ai immédiatement fait visiter l'appartement le lendemain à mes clients espagnols en présence de leur fils et ils ont immédiatement aimé l'appartement. Ils le voulaient, c'était tout bon pour eux.

Ils étaient en plus pressés car sans appartement, mon locataire ne pouvait pas ouvrir un compte bancaire, il ne pouvait pas aller réaliser son inscription à la fac et plein d'autres paperasses administratives imbriquées entre elles. Ce sont les joyeusetés de la paperasse française (et ça se voyait qu'ils n'étaient pas habitués à la paperasse en Espagne).

Dans ma tête, c'était parfait, je n'allais pas m'embêter à répondre à plein de demandes et mes clients, ainsi que le fils, semblaient être des gens très bien.

J'ai tout de même demandé quelques pièces justificatives comme les fiches de salaires et la déclaration de revenus (en espagnol) et malgré le fait qu'ils ne gagnaient pas des sommes astronomiques et qu'ils soient étrangers, j'ai tout de même accepté de leur louer l'appartement.

Beaucoup auraient refusé catégoriquement car ils étaient étrangers et que ça pouvait être compliqué en cas d'impayés.

A vrai dire, étrangers ou pas, lorsqu'il y a un impayé en France, ça se finit toujours de la même façon : soit on perd beaucoup de temps et d'argent avec des huissiers, avocats et tribunaux, soit on utilise « la méthode corse ».

Tout est une question de feeling également.

Plusieurs indices peuvent vous aider à choisir un bon locataire :

- Les gens sont propres sur eux : c'était le cas avec mes locataires qui étaient propres et bien habillés.

- Ils sont à l'heure pour les différents rendez-vous : mes locataires étaient toujours un peu en avance.

- Ils ne négocient pas le prix : ils ont payé rubis sur l'ongle malgré le fait que j'avais voulu leur aménager des conditions de paiement. En effet, ils n'avaient pas encore de compte bancaire français donc ils m'ont payé le premier loyer en liquide et je leur ai proposé de payer la caution par virement lorsqu'ils auraient un compte bancaire français d'ouvert. Ils ont fermement tenu à payer la caution en cash également.

- Le locataire visite avec ses parents : c'est un point très important et c'est un gage de sécurité. Ici, les parents avaient carrément fait le déplacement depuis Malaga en Espagne pour visiter les appartements, ce qui leur a coûté beaucoup d'argent. Cela signifie qu'ils veulent que leur fils soit dans de très bonnes conditions pour ses études. Il y a donc peu de risques de faire face à des impayés car les parents ne veulent pas de problèmes pour leur fils et donc ne veulent pas en avoir avec le propriétaire.

- Ils ont tous les papiers nécessaires : mon locataire avait un dossier avec tous les papiers possibles et inimaginables, il y en avait même trop, il s'était organisé, c'était top.

Bref, il y a beaucoup de feeling dans le choix d'un locataire et les chances que celui-ci ne paye pas sont minimes à mes yeux.

Les impayés en meublé étudiant sont très faibles pour trois raisons majeures :

1. Le studio est une étape dans la vie des étudiants, ils n'y restent pas des années et ils restent en l'occurrence pas plus de deux années (entre une et deux en moyenne). Le turnover peut donc également être vu ici comme un avantage. C'est différent d'une famille qui va louer un T3 et s'installer « vraiment » (dans le sens « longtemps ») avec la possibilité pour cette famille d'avoir une situation financière qui change (chômage, maladie, …).

2. Les étudiants bénéficient des APL (Aide Personnalisée au Logement) qui couvrent une bonne partie du loyer et qui peuvent être versées directement sur le compte bancaire du propriétaire. C'est donc plus simple financièrement pour le locataire de payer son loyer.

3. Les étudiants (et surtout les propriétaires) bénéficient d'une caution parentale qui s'engage à rembourser en cas de défaillance de paiement de la part du locataire. C'est bien souvent les parents qui paient d'office le loyer de toute façon.

Rien que pour ces trois raisons, vous n'aurez que très peu d'impayés avec la stratégie du meublé étudiant, d'autant plus si vous choisissez rigoureusement vos locataires.

Il est donc totalement inutile d'avoir recours à une garantie des loyers impayés selon moi.

Cette opération immobilière a donc permis de diversifier mon patrimoine puisque je louais jusqu'à présent deux biens en saisonnier et une petite cave attachée à un appartement que je loue 40€/mois à un couple qui y stocke du vin.

Il ne s'agit pas de l'affaire du siècle en terme de cashflow, surtout si on compare par rapport aux locations saisonnières, mais elle génère tout de même un cashflow net net d'environ 70€ et surtout, je n'aurais pas perdu d'argent à la revente si j'avais revendu le lendemain, et ce malgré des frais de notaire (et oui, faire bouger de l'argent coûte de l'argent).

Le bien est situé en hyper centre et est donc ultra-liquide à la revente. On pourrait considérer qu'il s'agit plus d'un investissement dans l'objectif de se créer du patrimoine et de placer son argent plutôt qu'un investissement pour dégager du rendement de façon insolente. Pour ce dernier point, il aurait plutôt fallu se tourner vers de la location saisonnière, de la colocation ou encore un immeuble de rapport.

Ma stratégie d'investissement sur les marchés financiers

« En suivant le chemin qui s'appelle plus tard, nous arrivons sur la place qui s'appelle jamais. »

Sénèque

Parce qu'être présent sur les marchés financiers est quelque chose de très important, il a bien fallu que je m'y attaque un jour et que je m'y forme. Pourquoi être présent sur les marchés financiers est quelque chose d'important ?

Il est communément dit et prouvé que lorsque l'immobilier monte, la bourse descend et inversement, lorsque l'immobilier descend, la bourse a, elle, tendance à monter.

Je ne vous apprends rien si je vous dis que l'économie subit des fluctuations, suit des cycles et est parfois confrontée à des « crises ». Investir en Immobilier et en Bourse, c'est donc avoir, plus ou moins, la garantie de protéger son patrimoine des fluctuations de cette économie.

Pour imager cela, il suffit d'avoir recours à une image simple mais efficace d'une balance. Si vous équilibrez votre balance, elle restera droite. Si vous ne placez un poids que d'un seul côté alors la balance sera totalement déséquilibrée.

— La diversification est souvent dangereuse —

Si vous avez la volonté d'être un entrepreneur et un investisseur à succès, vous devez diversifier vos placements et être présent d'un côté sur le marché de l'immobilier et de l'autre sur les marchés financiers. Alors attention, il y a diversifier et diversifier.

Être par exemple présent sur les marchés financiers, sur le marché de l'immobilier et sur le marché des start-up en tant que business angel, c'est diversifié selon moi.

Être présent sur les marchés financiers et acheter toutes les actions possibles et inimaginables (ou trackers, SCPI, etc.), ce n'est pas diversifié selon moi.

Dans le premier exemple, vous n'avez en effet pas tous vos œufs dans le même panier puisque vous touchez à différents domaines d'investissement.

Dans le second exemple, vous prenez des risques et vous remettez tout votre rendement dans les mains des marchés financiers et à ses fluctuations.

Il est inutile de posséder un grand nombre d'actions diverses et variées si une action vous apporte +3% de rendement et qu'une autre vous apporte -5% de rendement ; qu'une autre action vous apporte +7% de rendement et qu'une autre vous apporte à nouveau -5% de rendement. Si vous faites les comptes et à capital investi identique pour chaque action, vous êtes à 0% de rendement. Alors oui, vous avez diversifié vos placements mais vous n'avez pas de rendement au bout du compte. Est-ce vraiment ce que vous recherchez en investissant ?

Sur le marché anglo-saxon est utilisé le terme de « diworsification » en antagonisme au mot « diversification ».

Voici la définition qu'un site d'investisseur anglo-saxon en donne :

« *The process of putting additional assets into a portfolio that actually worsens the tradeoff of risk and return. This could include making investments into several different funds all having similar investment strategies. This can result in large losses if that particular industry has a negative effect due to bad news or other factors.* »

Traduction :

« Le fait d'ajouter d'autres actifs dans un portefeuille boursier qui vont réellement compromettre la corrélation entre le risque et le rendement. Cela peut se traduire par le fait d'ajouter plusieurs fonds différents à son portefeuille qui ont tous la même stratégie d'investissement. Cela peut entraîner des pertes importantes si cette stratégie d'investissement s'affaiblit à causes de mauvaises nouvelles ou d'autres facteurs internes propres à cette stratégie. »

Nous verrons dans les pages suivantes comment je nuance ma diversification dans ma stratégie d'investissement.

— *Ma rencontre décisive avec un investisseur* —

Mes débuts sur les marchés financiers se sont faits suite à la rencontre d'un investisseur aguerri lors d'un networking parisien (rappelez-vous, ce n'est pas seulement ce qu'on connaît, c'est surtout qui on connaît).

Cet investisseur, avec lequel j'ai parlé, m'a au fur et à mesure exposé sa stratégie d'investissement en Bourse qui m'a beaucoup plu par sa simplicité et son efficacité, c'était la stratégie qu'il me fallait.

Vous savez, quand on parle de Bourse, il y a toujours plein d'aprioris et je pense que vous en avez également.

- Peut-être que vous connaissez des personnes dans votre entourage ayant voulu investir en Bourse et qui ont tout perdu.

- Peut-être que vous pensez que la Bourse n'est réservée qu'à une élite et qu'aux gens déjà riches.

- Peut-être que vous pensez que, la Bourse, ça n'est que spéculer sur la hausse ou la baisse et que, de ce fait, vous ne trouvez pas ça très éthique.

- Peut-être que vous pensez que c'est trop compliqué, qu'il y a trop de chiffres et d'indicateurs différents.

- Peut-être que vous associez, uniquement, et à tort, la Bourse au marché du forex et/ou des options binaires qui ont malheureusement très mauvaise réputation (à tort).

Et je vous comprends entièrement. La Bourse est un marché sur lequel je suis présent car cela est important de l'être mais ce n'est pas celui qui me passionne le plus, je préfère largement celui de l'immobilier.

C'est un marché compliqué à négocier et à aborder lorsqu'on part de zéro et que personne autour de nous n'a investi avec succès sur ce marché.

Lorsque j'ai discuté avec ce fameux investisseur, il a eu la magie de démystifier en moi tout un tas d'objections que j'entretenais. Parmi celles que j'entretenais, il y avait celle de croire que c'était beaucoup trop compliqué et que, de ce fait, je verrais ça plus tard... Il y avait aussi le fait que des personnes dans mon entourage avaient perdu de l'argent. Le simple fait de savoir que des connaissances avaient perdu de l'argent m'avait éloigné du marché boursier.

Cela était complètement ridicule puisqu'au final, je n'avais pas la moindre idée de la raison pour laquelle ces connaissances avaient perdu de l'argent en Bourse. Peut-être avaient-elles fait n'importe quoi et moi je me laissais convaincre par cette conclusion de perte que la Bourse n'était pas quelque chose pour moi… Ridicule !

Cet investisseur m'a montré comment il générait chaque année des milliers d'euros de dividendes sans être imposé sur ceux-ci ! Quoi ?! Le mec « gagnait » chaque année du cash sur son compte « sans rien faire » et surtout sans être imposé par le fisc français. Dans ma tête, je me dis : « *C'est quoi cette arnaque, il va vouloir me vendre quelque chose à la fin ou il s'appelle Julien et il va aussi m'apprendre comment sa femme a gagné 7201€ en 2 minutes hier soir sur le canapé avant de se coucher grâce aux options binaires.* ».

Et figurez-vous que même pas.

C'est la magie de ce genre d'événements et de rencontres, c'est que les gens sont sincères avec vous et ont à cœur de partager avec vous des stratégies gagnantes. Et cela encore plus quand vous êtes un petit jeune de vingt piges.

Peut-être que certains investisseurs voient en moi un fils qu'ils n'ont pas eu ou un fils qui ne pense malheureusement pas comme ils auraient souhaité (investissement, entreprenariat, indépendance financière, etc.).

Mais surtout, beaucoup voient un potentiel et une force de frappe phénoménale de commencer si jeune car beaucoup d'investisseurs m'ont dit : « *si seulement j'avais mis en place tout ce que je connais maintenant quand j'avais ton âge…* ».

La stratégie de ce mec consistait à se concentrer uniquement sur des sociétés versant des dividendes à ses actionnaires. Son but, c'était le long terme à travers la récolte, année après année, des dividendes. Il n'y avait qu'un travail de base à effectuer et ensuite, « ça tombait ».

C'est à dire qu'il fallait faire un travail de recherche au début pour savoir sur quelle société investir, il fallait éplucher les bilans comptables et le compte de résultat, regarder différents indicateurs tels que :

- le BNA (Bénéfice Net par Action)
- la marge d'exploitation
- le résultat net mais aussi les dettes
- l'historique de versement du dividende
- le ratio de versement du dividende (Pay Out Ratio)
- les capitaux
- et plein d'autres choses encore !

C'est un travail relativement fastidieux à faire au début mais qui paie ensuite pendant très longtemps. Et on retrouve ici la philosophie que j'apprécie : travailler, oui, mais intelligemment.

C'est à dire que notre action sur le moment présent continuera de payer demain, après-demain…, contrairement à un travail salarié ou lorsqu'on arrive le matin au bureau, on recommence les mêmes tâches répétitives jusqu'au soir et cela, jour après jour.

Ensuite, tous les dividendes que l'on touche sont exonérés d'imposition grâce à un support fiscal appelé le « PEA » (Plan d'Epargne en Actions), une des dernières niches fiscales en France à l'heure où j'écris ces lignes.

Tous les dividendes qui tombent sur le compte espèces de votre PEA sont exonérés d'imposition. C'est uniquement lorsque vous décidez de les sortir de cette enveloppe que vous commencez à être imposés.

La magie de ce produit est que l'imposition est dégressive au fur et à mesure que les années passent. Après huit années de détention, le gain n'est carrément plus taxé, hors prélèvements sociaux bien sûr (ce qui n'est pas rien…).

Point important également, tout retrait du PEA avant huit ans entraîne sa fermeture définitive, c'est un produit qu'il faut donc laisser mûrir au moins huit ans avant d'envisager un quelconque retrait d'argent.

Une niche fiscale, oui, mais pas idéale dans sa liberté d'action. C'est la raison pour laquelle la stratégie de sélection des actions à forts dividendes s'inscrit parfaitement dans la logique de ce support, le PEA, puisque nous visons le long terme avec la récolte des dividendes chaque année.

Le mantra est simple : quand on achète une action, on ne la revend jamais sauf nécessité d'arbitrage ou changement de politique de la société en question entraînant des modifications trop importantes et ne satisfaisant plus nos conditions de sélection à l'entrée.

— *Les actionnaires sont tous des enfoirés !* —

Après avoir eu connaissance entièrement et dans ses moindres détails de cette stratégie et après avoir complété mes recherches de mon côté, j'ai commencé à acquérir mes premières actions.

J'allais enfin être actionnaire. Classe, non ?

En France, on a souvent tendance à cracher sur les actionnaires. Ce sont souvent eux les méchants, ceux qui se goinfrent et qui ne laissent que des miettes aux pauvres employés. Je ne suis pas là pour entamer le débat de la bonne répartition des bénéfices d'une entreprise et ce choix de répartition est interne au mode de fonctionnement de chaque entreprise mais une chose est sûre, être actionnaire n'est pas une mauvaise chose.

Posons les bases : Qu'est-ce qu'un actionnaire ?

Lorsque que des individus veulent créer une entreprise, c'est très simple, ils ont généralement deux façons de se faire financer :

- Faire un emprunt bancaire.
- Lever des capitaux.

La première façon est, somme toute, très classique.

Concernant la deuxième possibilité, cela signifie que l'entreprise va émettre des actions et des individus qu'on appelle des actionnaires vont apporter des fonds en échange de ces actions qui, concrètement, au moment de cet achat, ne valent strictement rien.

C'est un pari sur le futur, les actionnaires achètent des actions en espérant que cette entreprise génère des bénéfices dans un futur plus ou moins proche de façon à ce qu'ils touchent une partie des bénéfices en proportion au capital détenu au travers de ces actions.

L'actionnaire est donc un partenaire crucial pour l'entreprise puisque sans lui, l'entreprise ne peut se développer et investir dans son développement.

Il est donc tout à fait normal que l'actionnaire soit rémunéré en réponse au risque qu'il prend à placer son argent dans une entreprise. Qui serait assez fou pour placer son argent dans une entreprise qui ne lui promet rien en termes de bénéfices futurs ?!

Le risque d'un actionnaire est réel, c'est le dernier à être payé et c'est le seul à n'avoir aucun contrat avec l'entreprise. Il sera « payé » si, et seulement si, l'entreprise génère des bénéfices et peut se permettre de verser des dividendes.

Tous les acteurs d'une entreprise sont reliés par un contrat à cette dite entreprise :

- Les employés possèdent un contrat de travail.

- Les fournisseurs sont liés à l'entreprise par un bon de commande.

- Les créanciers ont eux un contrat de dette.

- Et les clients un contrat de vente…

La rémunération de l'actionnaire vient donc après la bonne exécution de tous ces contrats avec les clients, les employés, les fournisseurs, les créanciers…

Pensez-vous que sa rémunération en dividendes est toujours injustifiée après avoir pris connaissance de ces faits ?

Au lieu de vous plaindre, pourquoi ne devenez-vous pas aussi un actionnaire ?

Le bon français lambda préférera se plaindre devant le JT à l'annonce du montant de versement des dividendes aux actionnaires et préférera scander haut et fort à la terrasse d'un bar que tous les actionnaires sont des escrocs assoiffés de pouvoir…

Ne détenir rien qu'une action d'une société fait de vous un actionnaire auprès de cette société, un petit actionnaire mais un actionnaire quand même.

Mais bref, c'est ainsi que j'ai commencé à me procurer mes premières actions après avoir épluché différents bilans comptables et comptes de résultats de ces différentes entreprises. Croyez-moi, ce n'est pas aussi difficile que cela peut sembler l'être. Dans cette paperasse qui fait parfois des centaines de pages, seules quelques informations nous intéressent et lorsqu'on sait lesquelles et où les trouver, tout est beaucoup plus facile.

Comme je le disais précédemment, je n'ai pas diversifié « à mort » puisque je ne possède que quelques lignes (une ligne est égale à une entreprise).

Je ne citerais pas les sociétés pour lesquelles je suis actionnaire non pas car cela est un secret (je serais ravi de vous le dire si nos chemins se croisent) mais tout simplement car je ne souhaite pas influencer des lecteurs qui pourraient acheter ces actions sans réfléchir tout simplement parce que je les possède, moi.

Je n'ai donc que quelques lignes que je préfère renforcer de manière régulière plutôt que d'acheter sans cesse de nouvelles actions et annuler mon rendement comme démontré précédemment.

— *Le PRU, c'est quoi ce truc ?!* —

Le PRU est le Prix de Revient Unitaire.

Prenons un exemple chiffré, cela sera plus simple à expliquer.

Si vous achetez dix actions de « ClubMillionnaire » à 100€ l'action, vous avez un portefeuille d'une valeur de 1000€ avec chaque action qui a un Prix de Revient Unitaire (PRU) à 100€.

Si, demain, l'action « ClubMillionnaire » s'effondre totalement et perd en valeur à en atteindre 50€ l'action, vous vous dites « *cool, je vais en racheter plus, ça coûte pas cher* ». Vous en achetez 10 autres à 50€ l'action, vous lâchez donc un billet de 500€. Le Prix de Revient Unitaire (PRU) de cette opération isolée est donc de 50€ par action.

Sauf que vous possédiez déjà dix autres actions de « ClubMillionnaire ». Vous en avez acheté 10 à 100€ l'action et 10 autres à 50€ l'action. Votre Prix de Revient Unitaire (PRU) du portefeuille est donc de 75€. Chaque action achetée de votre portefeuille vous est finalement revenue à 75€ l'action, vous avez fait baisser votre PRU en rachetant des actions lorsque le cours de « ClubMillionnaire » s'est effondré.

Calcul : (10*100€ + 10*50€)/20 = 75€.

Le Prix de Revient Unitaire (PRU), c'est finalement une moyenne des différentes actions achetées attachées à leur prix d'achat.
Ce qu'il faut retenir de cette stratégie, c'est que c'est une

excellente stratégie de « bon père de famille ».

Ce n'est pas une stratégie agressive, ni spéculative qui vous rendra riche en trois jours mais elle vous permettra d'avoir un portefeuille boursier honnête qui vous versera des dividendes année après année.

Ce n'est pas une stratégie qui nécessite votre présence devant les écrans de manière quotidienne à devoir être au courant de toutes les actualités économiques ou à devoir faire des analyses techniques et graphiques. Et c'est ce que je voulais.

Ce genre de stratégies ne me serait pas adapté car je ne regarde pas du tout l'actualité (trop pourvoyeuse de négativité), cela prend trop de temps et n'est pas du tout passif et surtout, je ne tiens pas à me faire des cheveux blancs avant l'heure à devoir surveiller les cours sans arrêt pour savoir si je dois revendre ou acheter.

Si vous voulez en savoir plus sur cette stratégie, n'hésitez pas à vous rendre au chapitre « *Pour aller plus loin* » de ce livre.

La création de mon premier business en ligne

« Ceux qui réussissent, en général, ne font rien d'extraordinaire, mais prennent la peine de faire des choses qu'il est si facile de ne pas faire. »

Paul Dewandre

L'immobilier et la bourse, c'est bien mais les revenus sont très vite capés. En immobilier, les revenus sont limités aux prix du marché de la location qu'on peut appliquer et en bourse, les revenus sont limités en fonction du montant du capital investi.

Si on veut réellement générer du cash, il n'y a pas de secrets et il faut passer par la case entreprise qui permet de générer des revenus sans réelle limite.

Le schéma classique reste quand même de bâtir des business type entreprise qui génère du cash et des bénéfices et d'investir ces bénéfices dans l'immobilier, la bourse et d'autres actifs.

Après avoir été sensibilisé aux différentes possibilités qui s'offraient à moi pour commencer à entreprendre et à créer un business, la création d'un business en ligne me semblait être la chose la plus simple pour commencer.

Pourquoi ?

Tout simplement pour les nombreux avantages qu'on lui associe. Les coûts de démarrage sont relativement faibles (<500€) et le potentiel de croissance est incroyable. En effet, il me suffisait simplement d'acheter un nom de domaine et un hébergement pour un peu moins de 30€, d'installer WordPress (gratuit), un thème et quelques plugins (certains gratuits et d'autres payants), d'installer un outil pour créer des tunnels de vente et des espaces membres (<100$) ainsi qu'un auto répondeur pour une poignée de dollars par mois afin de pouvoir envoyer des emails à ma communauté et j'étais globalement parti.

Je pouvais commencer à rédiger du contenu, à créer des tunnels de vente, à travailler mon marketing et mon référencement pour être visible aux yeux des autres internautes.

L'intérêt réside aussi et surtout dans la magie des produits que l'on va vendre. Ce sont des produits dits d'information donc entièrement dématérialisés (même si ce livre en est une entorse). Cela signifie que la duplication du produit est illimitée et qu'il n'y a aucun stock à gérer.

Par exemple, si vous vendez un livre numérique (ebook), pour le dupliquer, il vous suffit simplement de faire un vulgaire « copier » et « coller » et le stockage n'est pas physique dans votre bureau ou un entrepôt mais il se fait sur un serveur à distance. C'est magique. Il n'y a même pas de frais de livraison pour délivrer le produit à notre client, c'est fou.

— *Battle : Business en ligne vs Business traditionnel* —

Voici les différences majeures entre un business en ligne et un business offline (ou traditionnel).

(page suivante)

Business en Ligne	Business Traditionnel
Email (instantané et peu coûteux)	Courrier (lent et coûteux) (de moins en moins quand même)
Business ouvert 24/24 et 7/7	Business ouvert la semaine et la journée
On touche le monde entier	On touche une ville, une région ou un pays
Base de prospects illimitée	Base de prospects limitée
Accès en temps réel aux informations	Accès aux heures d'ouvertures
Travailler de n'importe où, en slip	Aller au bureau en costume ou tailleur
Marketing ciblé aux gens qui nous intéressent	Marketing de masse
Marketing non intrusif (le prospect fait sa propre recherche)	Marketing intrusif qui interrompt
Faibles coûts d'entrée	Frais d'entrée élevés
Pourcentage d'échec faible	Pourcentage d'échec élevé
Lancer depuis un ordinateur n'importe où dans le monde	Lancer depuis une localisation bien précise
Jugé sur la qualité du travail	Jugé sur l'âge, le sexe, l'argent, l'apparence, la couleur de peau

Mais ce n'est pas si simple, je ne cherche pas à idéaliser ce type de business. Je n'avais aucune idée de ce que ça pouvait être dans ses moindres détails, je me suis lancé sans trop réfléchir et tant mieux car quand je vois le chemin parcouru, je me dis quand même que c'est un chemin sinueux avec quelques obstacles (pas infranchissables du tout bien sûr pour celui qui veut).

Il a fallu apprendre pas mal de choses tout au long du chemin. Encore une fois, la création d'un business est un long process qui nécessite beaucoup de travail. Si c'était à refaire, je le referais volontiers car c'est incroyable ce que cela a pu m'apporter mais la charge de travail à abattre m'aurait peut-être fait réfléchir un peu plus longtemps.

Il a fallu apprendre des techniques marketing, il a fallu se confronter un peu à la technique et aux lignes de code (même si aujourd'hui, tout est devenu très simple pour la technique), il a fallu apprendre le service-client, il a fallu apprendre la création de produits, l'automatisation des process, etc… Il a fallu apprendre pas mal de choses très intéressantes.

— *Le mythe de la technique sur Internet* —

C'est d'ailleurs la question que me posent beaucoup de personnes souhaitant, elles aussi, créent un business en ligne : « *Comment tu as fait pour créer ton site ? Est-ce que tu as tout fait tout seul ? Comment tu as appris ? Quels outils tu as utilisé ?* ».

Oui, j'ai créé mon site tout seul en me servant d'outils comme WordPress et ClickFunnels par exemple. J'ai appris sur le tas ce que j'avais besoin d'apprendre et je n'ai pas suivi de formation entièrement dédiée à la création d'un business en ligne. L'échange avec d'autres entrepreneurs à différents événements a également été source de beaucoup d'inspiration pour l'évolution de mes différents sites.

Il y a un vrai mythe autour de la technique. Beaucoup de gens continuent de croire, lorsqu'on leur parle de sites Internet, qu'on est un petit geek, qu'on passe des heures et des heures ainsi que nos nuits entières devant notre écran à taper des lignes de codes barbares. Ils sont même étonnés de voir que « je ne ressemble pas à un geek » (le cliché des lunettes, des boutons et des cheveux en pagaille).

Je n'irais pas à dire que les outils sont d'une extrême simplicité aujourd'hui car ce n'est pas forcément vrai mais la prise en main est largement facilitée si on compare cela à il y a quelques années.

Alors oui, il y a quelques termes techniques mais ce sont toujours les mêmes termes qui reviennent après.

Alors oui, il y a aussi beaucoup d'outils en anglais mais ce sont, là aussi, toujours plus ou moins les mêmes termes qui ressortent.

Si vous hésitez à lancer votre business en ligne parce que la technique est votre barrière mentale, votre croyance limitante numéro une alors je vous invite à vous octroyer une chance. Essayez.

Il est aujourd'hui très facile de s'entourer de prestataires externes à bas coût comme on le verra plus tard dans ce livre. Il est très facile de déléguer les tâches qu'on n'arrive pas à faire seul ou qui sont rébarbatives avec un business en ligne. On peut embaucher des prestataires dans le monde entier à bas coût. Pensez à un business traditionnel offline, c'est compliqué, il faut vite des salariés ce qui est donc synonyme de paperasses et surtout de charges pour employer, sans compter la gestion humaine et la formation à dispenser.

Avec un prestataire externe pour un business en ligne, situé disons en Inde, c'est très simple. Vous lui dites ce que vous voulez, vous fixez le prix, il vous fait le travail si il a déjà les compétences et voilà. Pas de papiers, pas de charges, peu de relations humaines.

Personnellement, en juin 2014 et à 21 ans, j'ai décidé de créer un premier business en ligne portant sur le thème de la première année de médecine en France alors même que je n'avais jamais fait d'études en rapport avec l'informatique, Internet, le marketing ou quoi que ce soit d'autre. La médecine est un sujet qui est très niché puisqu'il ne concerne qu'environ 50 000 personnes mais l'avantage est que c'est un marché renouvelable chaque année. Le sujet est un marché de niche car il ne concerne qu'un petit segment d'un plus gros marché.

Le marché de mon sujet est l'éducation. Ensuite, on creuse pour aller dans l'éducation supérieure. On creuse encore un peu plus pour aller dans les études supérieures médicales. Puis on creuse encore un peu plus pour aller se concentrer spécifiquement sur la première année de médecine. Les marchés de niche sont d'excellents filons avec peu de concurrence où il est facile d'être le numéro un et de générer un chiffre d'affaires confortable.

S'imposer sur un gros marché est quelque chose de très compliqué. Imaginez-vous vous imposer sur le marché de l'éducation dans mon cas ? Impossible ! C'est la raison pour laquelle il est préférable de trouver un marché de niche.

L'idée de ce site m'est venue naturellement alors que j'étais étudiant en deuxième année de médecine et que je venais juste d'obtenir mon concours de première année de médecine. Je n'avais strictement aucune idée d'un autre sujet pour un business en ligne et il fallait que je lance un premier business.

Le site que j'ai appelé « ClubMedecine » est un véritable succès et est devenu une vraie référence pour tous les étudiants en première année de médecine de France. Le site regroupe des dizaines de milliers de visiteurs et plusieurs centaines d'étudiants ont lu le livre que j'ai écrit et autoédité sur ce site.

Car oui, le produit que j'ai décidé de vendre sur ce site est un livre. J'ai écrit et autoédité un livre de 128 pages dans lequel je retrace mon expérience de A à Z en donnant mes astuces, mes techniques d'apprentissage, mes conseils et tout ce que j'ai pu ressentir lors de cette année.

J'ai obtenu ce concours de première année de médecine du premier coup en tant que primant en me classant 81ème et en obtenant deux 20/20, c'est une performance plutôt honnête me permettant d'avoir une crédibilité auprès de mes visiteurs et de mes lecteurs.

Il faut savoir que beaucoup d'étudiants se retrouvent sur le carreau chaque année car seulement 15% des étudiants sont reçus en deuxième année et beaucoup font deux années (on a le droit à seulement deux essais) sans réussir à passer le cap de ce concours, c'est très compliqué moralement pour eux.

— *N'attendez pas pour générer du cash* —

Sur la création d'un produit, je souhaiterais rebondir sur quelque chose tout de suite. Si vous créez un business, peu importe lequel, que ce soit un business en ligne comme ClubMedecine ou une autre forme de business, je vous invite à créer un produit TOUT DE SUITE.

Je pense que c'est quelque chose de très important et crucial pour votre business. En effet, je rencontre beaucoup d'entrepreneurs qui veulent créer des business en ligne et certains ont même déjà commencé à ouvrir un petit site, à créer du contenu, etc... Le problème, quand je regarde le site en question, c'est que je n'y trouve aucune solution pragmatique au problème qu'est censé résoudre le site.

Au contraire, je me rends compte que l'auteur du site se prend la tête sur des détails insignifiants comme le logo par exemple. Le logo, on s'en fout un peu. Si vous en avez un, c'est bien mais vous n'en auriez pas que ce serait la même chose. Personnellement, j'ai toujours payé cinq à dix dollars, pas plus, pour mon logo histoire qu'il y en ait un mais je me fous qu'il soit beau ou pas.

Je veux dire par là que vous DEVEZ créer un produit le plus rapidement possible, c'est le plus important pour la pérennité de votre business.

Souvent, quand je dis à ces personnes : « *Qu'est-ce que tu attends pour avoir un produit à proposer à tes visiteurs et prospects pour les transformer en clients ?* », ils me répondent TOUS : « *J'attends de construire mon audience, d'avoir du contenu, blablabla* ».

ON S'EN FOUT.

Du moins, le visiteur qui est arrivé sur le site et qui regarde le contenu du site s'en fout que le site en question ait une audience de 10 ou 100 000 visiteurs par mois. Le visiteur veut une solution, il n'est pas arrivé par hasard sur le site. Si il est arrivé là, c'est qu'il cherchait quelque chose en particulier, une réponse à une question, une solution à un problème… C'est à vous de capturer l'attention de ce prospect pour lui proposer une solution adaptée. Si vous n'avez aucun produit à lui proposer, le prospect va se barrer et on sait très bien qu'un prospect qui s'en va ne revient presque jamais si on n'a pas réussi à capturer son adresse email ou à le transformer en client.

Sur mon site ClubMedecine que j'ai ouvert en juin 2014, j'ai proposé immédiatement un produit en août 2014, le temps pour moi de quand même rédiger un livre de qualité pour mes visiteurs (bien que beaucoup de personnes pourraient penser que moins de trois mois pour écrire un livre, c'est court). Tout le monde me disait : « *Mais t'es sûr que ce n'est pas trop tôt, tu ne veux pas bâtir ton audience d'abord ?* ». NON.

Le site générait déjà des visites et les gens voulaient forcément aller plus loin. Si j'avais attendu de créer cette fameuse audience, j'aurais perdu les mois d'août et de septembre de chiffre d'affaires qui s'avèrent être les deux mois les plus insolents pour le chiffre d'affaires puisqu'on se trouve pile entre les résultats du bac tout début juillet et la rentrée universitaire tout début septembre.

La création de l'audience se fera naturellement par la création de contenu et son référencement et grâce à d'autres techniques marketing, vous devez travailler cette audience le plus tôt possible et la travailler de cette façon la fera aussi grandir plus vite grâce au bouche à oreille positif qui s'enclenchera de la part de vos clients qui recommanderont à leurs amis votre travail.

— *Comment savoir quel produit vous devez créer* —

Petit conseil toutefois, il peut parfois être compliqué de cerner le besoin d'une audience quand celle-ci est petite et que vous venez tout juste d'ouvrir votre site sur une thématique particulière. C'est la raison pour laquelle vous devez très vite mettre en place un questionnaire très ciblé pour cerner le besoin de vos visiteurs.

Vous pouvez par exemple promettre un cadeau (un ebook exclusif, une vidéo de formation, un coaching gratuit ou autre) contre les quelques minutes accordées de la part du visiteur pour répondre à quelques questions. Dès que vous avez reçu suffisamment de réponses, faites une synthèse de tout ça et vous aurez déjà une bonne idée du produit que vous pouvez créer.

Voici les questions clés que vous devez poser à votre audience :

#1 - Quelle est LA principale difficulté, frustration, ou le plus gros problème qui vous freine dans (remplacez par la thématique de votre blog, ex : l'achat d'un appartement pour réaliser de la location saisonnière) ? Qu'est-ce qui vous empêche d'y arriver, et que ressentez-vous à cause de ça ?

#2 - Si vous n'arrivez pas à résoudre ce problème, et qu'il perdure pendant un an, deux ans, cinq ans... Quelles seraient les conséquences négatives pour vous ? Votre entreprise ? Votre entourage ?

#3 - Si vous aviez une «baguette magique» et que vous pouviez créer la solution parfaite à ce problème, à quoi ressemblerait cette solution ?

#4 - Si vous aviez accès à cette solution idéale, quel est le résultat final que vous pourriez atteindre en (remplacez par ce que pourrez permettre d'atteindre votre blog, ex : en ayant réalisé un investissement locatif qui vous génère du cashflow positif tous les mois) ? Quelles seront les conséquences positives sur vous, votre entreprise, votre entourage ?

#5 - Merci de choisir votre tranche d'âge : 15-24 ans ; 24-35 ans ; 35-49 ans ; 50-60 ans ; 60 ans et plus. Vous êtes : une femme ; un homme.

En posant ces cinq questions magiques, vous ne pouvez pas vous tromper, vous allez créer le produit que votre audience recherche car l'erreur numéro une de beaucoup d'info preneurs, c'est de créer le produit dont ils auraient eu besoin ou dont ILS pensent que leur audience recherche, à tort.

Il ne faut pas hésiter à demander directement à votre audience, c'est le plus simple. En marketing, on dit souvent qu'on ne peut tirer aucune conclusion tant qu'on n'a pas essayé. C'est un peu pareil pour le produit que vous devez créer, vous ne pouvez pas savoir lequel c'est tant que vous n'avez pas demandé.

Pour ma part, sur ce blog, la possibilité de création de

produits étant très limitée, je me suis naturellement orienté vers un livre numérique et physique après avoir quand même demandé à un panel d'étudiants qui s'apprêtaient à aller en PACES ce qu'ils souhaiteraient retrouver dans ce fameux ouvrage.

— *Ecrire un livre est un vrai jeu d'enfant (les 5 étapes)* —

Dans l'esprit des gens, écrire un livre est quelque chose de compliqué et je vais donc perdre un peu d'autorité et de preuve sociale en écrivant les lignes suivantes mais croyez-moi : il n'a jamais été aussi simple d'écrire un livre et donc d'obtenir le statut d'auteur permettant d'avoir une grosse crédibilité auprès de votre audience.

Ça a été le cas lorsque j'ai sorti mon livre sur la médecine en version papier (je l'ai proposé un certain temps uniquement en version numérique), j'ai immédiatement senti une augmentation dans les ventes car les gens ont eu plus de confiance dans le produit en voyant qu'il était possible d'acheter une version papier.

Si le mec de ce blog a sorti un livre papier, c'est qu'il y a sûrement une maison d'édition derrière et que c'est donc sérieux et de qualité… Je peux donc y aller… Sauf que non ! Il s'agit bien d'autoédition, personne n'est derrière moi pour quoi que ce soit mais l'image perçue par les visiteurs est différente quand même. C'est magique !

Si je vous disais qu'écrire un livre ne se faisait qu'en cinq petites étapes, vous me croyez ?

— Première étape : écrire le livre (et oui !). —

Munissez-vous d'un logiciel de traitement de texte et rédigez votre manuscrit. Ici, je n'ai pas grand chose à vous dire de plus. J'aime beaucoup écrire sans me prendre la tête de manière naturelle puis le sommaire se constitue tout seul en mettant dans l'ordre les différents éléments mais vous pouvez très bien écrire le sommaire d'abord puis développer ensuite.

— Seconde étape : l'étape du graphiste. —

Vous devez là trouver un graphiste compétent et de qualité à qui vous allez envoyer le manuscrit. Il va vous mettre en page le document en faisant différentes choses. Il va créer les marges, il va confectionner la première de couverture, la tranche et la quatrième de couverture, il va adapter les images si il y en a afin de faire en sorte que le rendu à l'impression soit satisfaisant, il va vous designer la page de chaque début de chapitre selon une charte graphique... De manière plus large, il va embellir votre manuscrit pour qu'il soit agréable à lire et qu'il ait un rendu professionnel et il va parfaitement adapter le document pour qu'il soit prêt à être imprimé à l'imprimerie.

— Troisième étape : les formalités administratives. —

Il y a seulement deux formalités administratives à réaliser, elles sont très simples.

Vous devez remplir un formulaire d'autoédition auprès de l'AFNIL (Agence Francophone pour la Numérotation Internationale du Livre) afin d'obtenir un ISBN (International Standard Book Number). C'est un numéro qui permet d'identifier chaque édition d'un livre et que vous retrouvez au dos de chaque livre sur le code barre. Chaque livre a donc un numéro ISBN unique et il y a également un numéro d'ISBN différent pour chaque support du livre et pour chaque canal de distribution (un ISBN pour la version papier vendue sur le site, un ISBN pour la version numérique vendue sur le site, un ISBN pour la version Kindle vendue sur Amazon, un ISBN pour la version papier vendue sur Amazon à travers leur outil d'impression à la demande, etc.).

Il suffit d'envoyer le formulaire rempli par email et vous recevez sous trois semaines une liste de numéros ISBN qui vous sont attribués.

Le formulaire demande des informations très simples comme les coordonnées du demandeur, le titre du livre, le prix estimé de celui-ci, l'estimation du nombre d'exemplaires pour le premier tirage, le canal de commercialisation…

Pour ce livre, j'ai envoyé le formulaire un soir vers 21h et le lendemain matin à 9h, j'avais ma liste de numéros ISBN…

La deuxième et dernière formalité administrative consiste à remplir un CERFA de déclaration de dépôt légal auprès de la Bibliothèque Nationale de France. Vous faites trois exemplaires de ce CERFA et vous joignez à cela un ou deux livres que vous envoyez en franchise postale à la Bibliothèque Nationale de France. Le nombre de livres à envoyer dépend du nombre d'exemplaires que vous allez imprimer pour le premier tirage.

Sur ce CERFA est une fois de plus demandé des informations très simples comme l'identification du déposant, le numéro ISBN, le nom de l'auteur, son pseudonyme, sa date de naissance, le titre du livre, le nombre de pages, le format du livre, le prix, le nom et l'adresse de l'imprimerie, la date de publication…

Un exemplaire du CERFA vous sera retourné avec un numéro de dépôt, le second CERFA servira au traitement bibliographique de votre livre dans le catalogue de la Bibliothèque Nationale de France et le dernier exemplaire de ce CERFA sera archivé.

— Quatrième étape : L'imprimerie. —

Une fois que votre document est affûté par le graphiste, vous n'avez plus qu'à l'envoyer à une imprimerie et cette dernière s'occupera de tout. Elle va lancer la machine en fonction des paramètres que vous avez choisi tels que :

- type de couverture (souple, rigide)
- finition de la couverture (brillante, matte)
- couverture couleur ou noir et blanc
- intérieur du livre en couleur ou noir et blanc
- format du livre

Je choisis personnellement une imprimerie française dont vous pouvez retrouver la référence à la fin du livre. Le rapport-qualité prix est très correct et c'est du produit français et ça, c'est cool aussi (et ça plaît).

Imprimer un livre ne coûte pas cher du tout, je ne vais pas vous donner de prix car tout dépend des différents paramètres évoqués ci-dessus et du nombre de pages mais c'est impressionnant de voir à quel point on peut tirer les prix vers le bas (et très bas) lorsqu'on fait du volume (c'est comme pour tout vous allez me dire).

— Cinquième étape : Réception et commercialisation. —

Aussi surprenant que cela puisse paraître, c'est déjà terminé. Vous n'avez plus qu'à réceptionner la marchandise et à la commercialiser sur votre propre site ou sur d'autres marketplaces.

Je vends mon livre sur mon site Internet directement ainsi que sur Amazon qui draine un trafic monstre même si les marges qu'ils se gardent sont insolentes. Je publie sur Amazon une version Kindle numérique (faites adapter à bas coût votre manuscrit sur Fiverr pour qu'il soit adapté pour la liseuse Kindle) et je publie aussi une version papier via l'outil CreateSpace de Amazon. C'est un outil d'impression à la demande du livre. Dès qu'il y a une commande, ils impriment mon livre et l'envoie au client, c'est un outil clé en main où je n'ai rien du tout à gérer mais, par contre, la marge qu'il me reste est légère par rapport à ce que j'encaisse moi quand je vends le livre papier directement sur mon site Internet. Ça n'empêche pas à Amazon de m'envoyer chaque mois des centaines d'euros de commissions alors même que je n'ai strictement rien fait. Je ne récupère pas non plus les emails des clients mais ce sont les règles du jeu (on verra plus tard l'importance des emails).

> Pourquoi je n'ai pas choisi une maison d'édition pour gérer tout ça ?

C'est vrai après tout, elle pourrait se munir de mon manuscrit et gérer toutes les étapes de la publication d'autant plus qu'elle aura accès à une multitude de librairies.

Il y a trois raisons principales :

1. Ce n'est pas évident et même plutôt très compliqué de trouver une maison d'édition prête à publier votre manuscrit.

2. La commission sur vente est littéralement dégueulasse. Elle est de 8 à 15% grand max. En prenant 12% et sur un prix de vente de 27€, vous gagnez donc 3,24€. Youpi. C'est peu payer le travail qu'il y a derrière.

3. On vient de voir que ce n'est pas si compliqué de s'autoéditer et qu'il n'est pas compliqué de générer une multitude de ventes à travers son propre site Internet et/ou Amazon.

Les dessous de ClubMillionnaire

«La voie la plus rapide vers le haut, ce n'est pas de se battre dans le troupeau pour aller de bas en haut, mais d'en sortir, de le contourner et de le doubler.»

George Eliot

Après avoir commencé à générer des revenus confortables via mon premier site Internet ClubMedecine, j'ai eu envie de continuer l'aventure de la création de site Internet en en créant un entièrement dédié à la création de revenus alternatifs (immobilier, bourse, business en ligne, etc.) environ six mois après la création de ClubMedecine.

La charge de travail abattue sur le premier blog ne m'avait pas découragé à en créer un deuxième et je crois que dès qu'on commence à gagner un peu d'argent, on a envie de partager et d'expliquer aux autres comment on a fait (je ne sais pas si ce que je viens d'écrire est très inscrit dans la mentalité française mais bon).

L'objection première qui ressort lorsqu'on commence à créer un site qui parle d'argent et d'investissement, c'est : « *Oui oui, c'est bien, encore un qui va créer un site pour apprendre aux autres à gagner de l'argent et qui va en fait gagner de l'argent uniquement en vendant ses conseils sans les appliquer lui-même* ».

Et je comprends entièrement cette crainte puisque c'est malheureusement le cas de pas mal de blogs sur la blogosphère française. J'aime beaucoup utiliser l'image du chercheur d'or et du vendeur de pelles dans ce contexte. Dans la ruée vers l'or, où tout le monde pense que c'est en trouvant l'or qu'on va devenir riche, c'est finalement le vendeur de pelles qui devient vraiment riche en donnant aux chercheurs l'outil adéquat : une bonne grosse pelle.

Beaucoup de personnes viennent me voir et me disent qu'elles ont le sentiment qu'il y a trop de marketing, que la forme est belle mais qu'ils doutent du fond et de la véracité des informations divulguées et de la véracité du parcours de la personne derrière le site Internet.

Ils ont le sentiment d'être en face de gros opportunistes qui investissent beaucoup dans le marketing, font beaucoup d'argent avec la vente de leurs formations et ne disent pas totalement la vérité. Il est clair qu'il faut faire attention sur Internet, beaucoup s'inventent des revenus et des patrimoines ou ils gonflent très fortement ces derniers.

Je me suis toujours attelé, sur ClubMillionnaire, à ne parler que de choses que j'avais moi-même expérimenté et la transparence a toujours été ma volonté. Je ne parle ainsi que d'immobilier, de dividendes, de business Internet, … et je n'hésite pas à faire intervenir d'autres intervenants lorsqu'il faut parler d'un domaine que je ne maîtrise pas suffisamment.

Egalement, je gagnais déjà de l'argent avec mes stratégies avant même la création de ClubMillionnaire même si, soyons honnête, le but de ce site est également de générer des revenus à travers le partage de mes connaissances sur une base gratuite et sur une base payante.

C'est ce qu'on me dit souvent aussi : « Si la personne gagne tant d'argent avec son business comme elle le prétend, pourquoi elle tient absolument à former des gens pour qu'ils fassent pareil ? ».

Tout simplement pour en gagner encore plus. C'est souvent la suite logique de beaucoup de personnes qui ont du succès dans un domaine : faire du consulting. Etant donné que notre domaine, c'est l'argent, ça dérange immédiatement beaucoup de gens. Mais si c'était un footballeur professionnel ou un cinéaste professionnel qui faisait du consulting et qui était payé pour ça, je suis sûr que ça dérangerait déjà moins et que ça semblerait déjà plus légitime…

A la base, j'ai créé ce site sans trop savoir où j'allais aller avec celui-ci, je ne me voyais vraiment pas générer des revenus rapidement et je souhaitais vraiment partager du contenu en priorité.

Au final, ce blog a très vite fédéré une communauté solide et je me suis naturellement positionné comme étant un exemple pour de nombreuses personnes qui souhaitent investir et se créer le plus rapidement possible des revenus alternatifs.

Dès la première année, ce ne sont pas moins de plusieurs dizaines de milliers de personnes qui ont suivi le site. Le site génère à lui seul un revenu complet et m'a permis de rencontrer énormément de personnes, sans compter les expériences qu'il m'a fait vivre. Ce site me réserve, sans aucun doute, de nombreuses autres surprises, aussi bien pour vous, que pour moi.

— *La stratégie de monétisation* —

La stratégie de monétisation s'est axée, comme sur ClubMedecine, par la création de mes propres produits.

En effet, pour monétiser un site Internet, il y a trois solutions aujourd'hui :

- Mettre de la publicité sur votre site.

- Promouvoir les produits des autres et toucher une commission (affiliation).

- Vendre ses propres produits.

La liste est classée par ordre croissant de potentiel en terme de revenus. En effet, la publicité ne rapporte rien même si dans la croyance des gens « lambda », c'est ce qui rapporte le plus.

En plus de ça, la publicité a le gros désavantage de faire partir les gens de votre site et entre nous, si une régie publicitaire vous paye un euro pour afficher de la publicité sur votre site, c'est que cette même régie gagne plus d'un euro derrière sur son propre site. Cela veut donc dire que vous auriez pu gagner aussi plus d'un euro si vous aviez un produit à vendre sur votre site et pas de publicités.

Ensuite vient l'affiliation qui est une façon de gagner de l'argent qui peut être très lucrative si vous concluez des deals avec des partenaires de qualité qui ont des produits à vendre qui sont également de qualité.

L'affiliation consiste à promouvoir le produit de quelqu'un d'autre (un partenaire) auprès de sa propre audience. Le but est bien évidemment de promouvoir des produits de qualité qui correspondent aux besoins de notre audience. Pour chaque vente réalisée, vous allez toucher une commission (fixe et/ou variable).

Il y a souvent une commission fixe pour chaque vente puis des bonus à côté comme :

- 1000€ cash en plus toutes les 5 ou 10 ventes.

- Des concours internes entre les partenaires pour les motiver (500€ ou un brunch offert dans un palace pour celui qui ramène le plus de personnes sur une vidéo précise par exemple).

- Un voyage pour le top partenaires.

- …

Je suis ou j'ai été personnellement le partenaire de quelques entrepreneurs sur Internet comme, par exemple, Cédric Annicette ou Maxence Rigottier.

Faire de l'affiliation peut être très rémunérateur mais vous devez faire attention à ne pas trop en faire au risque de passer pour celui qui mange à tous les râteliers… et qui galère.

Vous devez également scrupuleusement choisir vos partenaires car il n'y a rien de plus pénible que de devoir réclamer son argent alors que vous avez fait gagner de l'argent à ce partenaire en question.

Pour certains, vous n'avez tout simplement pas accès aux statistiques (combien de visiteurs ou de clics vous avez envoyé). Dans ce cas, il est impossible pour vous de savoir ce qu'il s'est passé et vous n'avez plus qu'à croire, ou pas, les propos de votre partenaire.

D'autres vous diront qu'il y a eu des demandes de remboursements, des bugs dans le système ou que sais-je… Beaucoup de prétextes pour ne pas sortir l'argent ou faire retarder l'échéance. Pour beaucoup, c'est très simple, la mentalité est : « Si on ne vient pas me réclamer l'argent, je ne le distribue pas ». Une très mauvaise attitude car vous devriez toujours soigner vos relations avec vos partenaires (ils vous ramènent des clients et du cash, ce qui est le nerf de la guerre d'une entreprise).

Certains ne vous paieront tout simplement jamais (oui,

vraiment).

C'est pour cela qu'il peut parfois être plus simple de faire de l'affiliation pour des logiciels ou des banques car il n'y a aucun risque que vous ne soyez pas payés.

Pour terminer vient la création de ses produits et c'est clairement le moyen le plus lucratif pour générer du chiffre d'affaires puisque vous allez garder 100% du chiffre d'affaires (hors frais bancaires, impôts et autres frais de fonctionnement).

C'est ainsi que vous pouvez retrouver sur ClubMillionnaire différentes offres (programmes sur des espaces membres privés, accompagnements, évènements présentiels, …) au sujet de l'indépendance financière.

Je propose aujourd'hui, par exemple, différents programmes pour :

- Apprendre à investir dans l'immobilier (et générer du cashflow positif immédiatement)

- Apprendre comment créer un business sur Internet (comme évoqué dans ce livre)

- Apprendre à investir sur les marchés financiers (les dividendes par exemple)

- Apprendre à investir dans les crypto-monnaies

- Et plein d'autres choses…

C'est principalement la vente de ces formations qui génère une grosse partie du chiffre d'affaires du site. Ces formations

ont l'avantage de nécessiter un travail mineur de ma part une fois que les vidéos sont tournées.
En effet, les vidéos sont hébergées sur un espace membre privé. Une fois que le client décide de remplir le bon de commande et d'acheter la formation, il reçoit un email envoyé automatiquement l'invitant à se créer un compte. Suite à cela, il a immédiatement accès à la formation, sans action de ma part et il peut commencer à consommer le contenu.

Le processus est entièrement automatique et je n'ai pas à intervenir sauf pour répondre aux questions des membres de la formation sur notre groupe privé.

— « *L'argent est dans la liste* » —

Vendre des produits sur son site, c'est cool mais encore faut-il avoir des gens prêts à acheter ces produits.

Il est communément dit, lorsqu'on parle de business en ligne, que « l'argent est dans la liste ». Et c'est vrai !

Le plus gros actif d'un business en ligne, c'est le nombre d'adresses emails qu'il arrive à collecter. On estime qu'une adresse email dans le système correspond à environ entre un et deux euros par mois en récurrence pour le site internet en terme de revenus (cela peut varier en fonction des niches).

Le nerf de la guerre, c'est donc de se construire une liste d'adresses emails afin de faire rentrer ces dernières dans ce qu'on appelle un tunnel de ventes.

Le schéma ci-dessous résume parfaitement l'architecture d'un business en ligne.

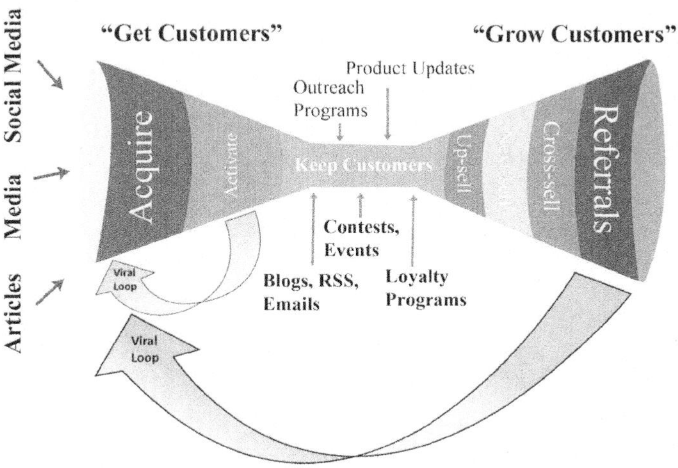

Il y a toute une étape où l'on doit générer du trafic sur notre site Internet à travers la publication d'articles et de vidéos sur notre site, sur Youtube, sur les réseaux sociaux ou encore en faisant de la publicité payante sur Facebook, Instagram…

C'est ce qu'on appelle la phase d'acquisition de trafic.

Il nous faut ensuite obtenir l'adresse email du visiteur et il faut donc motiver ce dernier à la donner contre quelque chose qui pourrait l'intéresser car les gens en ont marre de donner leur adresse email à tout va aujourd'hui.

On peut donc lui proposer une vidéo exclusive de formation ou carrément une mini formation gratuite, un livre en format ebook ou tout ce qui pourrait motiver votre prospect à vous donner son adresse email.

A partir de là, il rentre dans un tunnel de ventes qui peut se traduire par une séquence automatique d'emails dans laquelle vous lui fournissez du contenu de grande valeur gratuitement à travers des articles, des vidéos, des conseils, des outils…

A la fin de cette séquence email, l'objectif est de lui proposer une première offre et de transformer le prospect « chaud » en client, c'est la phase de transformation.

Vous pouvez lui proposer une de vos formations avec une réduction par exemple ou un produit d'appel peu cher pour motiver votre prospect à franchir le pas avec une première offre dont le montant est faible et qui va permettre de le familiariser avec le processus d'achat sur votre site.

Offrir une réduction ne veut pas dire que vous ne devez pas utiliser d'autres leviers marketings comme les upsell, crossell, downsell ou order bump qui vont vous permettre d'augmenter le panier moyen de votre client.

Un crossell (ou vente croisée) consiste par exemple à offrir un produit complémentaire à ce que votre client vient d'acheter. Si il avait acheté un Macbook, ça aurait pu être de lui proposer d'acheter une housse de protection. Par exemple, sur mon blog sur la médecine, je propose quelques jours plus tard un crossell en proposant le livre d'un partenaire qui est un étudiant en médecine qui a lui aussi écrit un livre sur la première année de médecine.

Un upsell (ou vente additionnelle), c'est le fait d'inviter un client, qui vient de vous acheter quelque chose, à se procurer une version plus complète ou plus performante de ce qu'il vient d'acheter. Au McDo, par exemple, lorsque vous avez choisi un menu Best-Of, ils vont systématiquement vous proposer le menu Maxi Best-Of, c'est un upsell.

Le downsell, lui, consiste à réduire le contenu d'une offre qui a été faite précédemment et qui a été refusée par le prospect. Par exemple, on a proposé à notre prospect une formation vidéo pour lui apprendre à monter un business en location saisonnière avec une session de coaching d'une heure et un séminaire présentiel d'une journée pour 497€. Le prospect a refusé cette première offre et on lui propose juste derrière un downsell qui va ne comprendre que la formation vidéo pour un montant de 97€.

Pour terminer, l'order bump se résume à une simple case à cocher sur le bon de commande qui, une fois cochée, ajoute immédiatement un produit à votre panier. C'est simple, c'est un seul clic et ça transforme bien. C'est généralement le moment de faire une offre unique et non répétée avec un prix préférentiel.

Vous voyez qu'il existe des multitudes de techniques marketing à mettre en place, et ce ne sont pas les seules, pour augmenter le panier moyen d'un client.

L'objectif est donc d'entretenir la machine et ce cercle vertueux en attirant toujours plus de prospects sur votre site Internet que vous faites rentrer dans votre tunnel de ventes. Ensuite, vous leur proposez des solutions adaptées à leurs problèmes afin de les transformer en clients.

Il ne faut pas oublier de garder un taux de rétention de ses clients le plus important possible. Un client, il faut le chouchouter. Cela peut se faire en faisant des mises à jour de ses produits, en organisant des événements présentiels, en faisant des jeux-concours, un programme d'affiliation…

— *L'objectif de développement de ClubMillionnaire* —

Le but de ClubMillionnaire sera de toujours continuer à délivrer du contenu gratuitement à travers la publication d'articles et de vidéos ainsi que du contenu payant avec des formations plus poussées.

Mais j'aimerais aller plus loin avec ce site et le faire évoluer de manière plus large.

En effet, j'aimerais beaucoup organiser différents événements autour de ClubMillionnaire comme :

- Des sessions networkings dans des restaurants, des palaces et des bateaux.

- Des sorties voitures (supercars).

- Des soirées privées.

- Des séminaires.

- Des voyages.

- Des clubs & mastermind privés.

- …

Tout cela reste bien évidemment à approfondir mais cela pourrait être une chouette idée, toujours dans l'idée d'un positionnement de luxe et de qualité des événements. J'espère qu'on se retrouvera tous ensemble autour de ces futurs événements.

Être entrepreneur ou être Monsieur Problème

« *Gardez toujours à l'esprit que votre propre décision de réussir est plus importante que n'importe quoi d'autre.* »

Abraham Lincoln

Lorsque l'on entreprend, tout ne se passe pas toujours bien et je pense que je ne vous apprends rien si je vous dis que l'on n'habite pas dans le monde des bisounours.

J'ai toujours aimé dire qu'un entrepreneur, c'est quelqu'un qui résout des problèmes. L'entrepreneur, lorsqu'il se lève le matin, se pose cette question : « *Quels sont les problèmes que je vais résoudre aujourd'hui ?* ».

Que ce soit un problème de dégâts des eaux dans un appartement, un problème d'ordre juridique, un problème de remboursement d'un client, un problème de sécurité sur un site Internet ou, pour se diriger vers un côté plus positif, résoudre les problèmes de ses propres prospects et clients afin qu'ils aient une vie meilleure.

Oui, c'est bien à ça que sert un entrepreneur. La mission qu'il doit remplir, c'est de rendre heureux ses clients en comblant une demande ou un besoin.

Il m'est arrivé d'avoir quelques problèmes et je ne vais pas tous les énumérer mais je vais simplement raconter deux anecdotes « rigolotes » mais qui auraient pu mettre à mal mon business.

— *Mon expérience avec les putes…* —

Je vais commencer par la plus marrante, entre guillemets. Comme vous le savez désormais, je loue un appartement en saisonnier sur la ville de Reims. La gestion de cet appartement est partiellement déléguée. Je devais passer un soir en soirée pour ramener des consommables (café, champagne, PQ, etc.). Je me gare sur le parking privé, je commence à me charger comme jamais car je voulais tout monter d'un coup au deuxième étage sans avoir à faire plusieurs aller-retour (vous pouvez dire que je suis un feignant sur ce coup !).

J'arrive devant la porte de l'appartement, bien essoufflé, je commence à sortir la clé pour ouvrir la porte et au moment exact où j'allais entrer la clé dans la serrure, un homme ouvre la porte et se met à sortir de l'appartement en disant « *au revoir* » aux occupants de l'appartement. En effet, les derniers clients, selon moi, qui avaient séjourné dans l'appartement étaient deux filles en provenance de Kiev en Ukraine et j'étais persuadé qu'elles étaient parties le matin même.

D'un coup, je fais semblant de vouloir rentrer dans l'appartement d'à côté pour ne pas me griller auprès de cet homme qui pour me dire bonjour me dit « bonjour ». Très logique tout ça. Sauf que les deux filles ne parlaient pas du tout français. Je le savais suite à nos échanges écrits même si ce n'était pas moi qui avait fait le checkin. Je n'ai pas aperçu les deux filles quand la porte s'est ouverte même si j'avais entendu des voix féminines.

Mon appartement était-il squatté ? Qui était cet homme qui n'avait pas l'air louche du tout et était plutôt bien habillé ? C'était vraiment étrange…

Je redescends donc à la voiture, avec toutes mes affaires, bien exténué d'avoir le droit de tout redescendre et regrettant pour le coup d'avoir voulu tout transporter d'un coup et j'appelle la personne qui gère cet appartement pour moi.

Je lui demande si elle sait qui est actuellement dans l'appartement, si elle a des informations à me communiquer. Et là, elle me dit que le checkout se fait le lendemain matin et elle me demande même si je peux faire le checkout exceptionnellement car elle a un imprévu de dernière minute. Putain, quel con. J'avais tout simplement mal lu mon fichier de gestion des réservations.

L'appartement n'était donc pas squatté, j'étais déjà rassuré sur ce point, je me voyais déjà presque débarquer avec quelques amis pour savoir ce qu'il se passait. J'étais en plus de cela ravi de savoir que j'allais pouvoir me rendre au checkout, découvrir ces deux demoiselles et voir un peu à quoi ressemble l'appartement…

Mais il restait quand même un problème…

Qui est cet homme qui parle français et qui était dans mon appartement avec mes deux locataires ukrainiennes ? L'homme était vraiment « good-looking », il était très bien habillé, le cliché même de l'homme qui avait une jolie femme blonde, deux beaux enfants et un Porsche Cayenne tout neuf.

Soyons honnêtes dès le début, les réservations provenant de pays tels que l'Ukraine sont très rares et c'était la première fois que j'en recevais une. Profil très clean, la demoiselle réservant l'appartement se présente comme ayant 43 ans, voyageant beaucoup car travaillant en freelance, elle a deux enfants et un mari. Sa photo de profil reflète l'image d'une femme très classe et bien habillée. Elle a une bonne dizaine de commentaires d'autres hôtes indiquant que Tatyana, ou Tanya, son petit nom, est quelqu'un de recommandable et qu'il n'y aurait aucun souci à l'accueillir chez soi.

Toutefois, j'avais remarqué quelques particularités étranges. Lorsque je passais devant l'appartement en voiture, TOUS les volets étaient fermés toute la journée sauf celui de la cuisine.

Les filles n'avaient pas de plan précis de ce qu'elles allaient faire dans la ville et m'ont même dit au checkout qu'elles n'étaient pas sorties de l'appartement car elles avaient eu beaucoup de travail.

En plus de cela, la durée de séjour était deux fois plus longue que la moyenne, cinq nuits au lieu de deux ou trois nuits.

Pour terminer, leurs valises étaient extrêmement grandes et lourdes, mais vraiment, c'était fou.

Lorsque je lui ai fait la remarque en lui descendant la valise, elle m'a répondu qu'elle adorait le shopping et qu'elle en avait fait beaucoup à Reims… Etonnant pour quelqu'un qui vient de me dire qu'elle n'était pas sortie de l'appartement.

Concernant l'appartement, tout était niquel et très propre, dans le top 1% des gens qui rendent l'appartement le plus propre. Les poubelles étaient même vidées, chose vraiment très rare. Tanya m'avait vraiment bien reçue au checkout, très chaleureuse, très bien habillée, me demandant si je voulais un café et me disant au revoir avec une poignée de main chaleureuse enveloppant ma main avec sa deuxième main. Elle était vraiment cool.

Je me suis dit que, dans sa globalité, l'expérience était un peu bizarre mais qu'après tout, les deux voyageuses étaient très sympathiques et que l'appartement avait été rendu très propre.

Je pense qu'avec tout ce que je vous ai dit, vous avez compris que mon soupçon se portait sur le fait que j'avais reçu des prostituées. Bref, elles étaient parties, faisons place aux prochains voyageurs…

Sauf que quelques mois plus tard, la petite Tanya me recontacte en direct sur Whatsapp me demandant si l'appartement est libre pour quelques jours en janvier. Une période relativement creuse en saisonnier sur la ville de Reims.

Moment d'hésitation.

Les volets fermés, cet homme chez moi, les valises très lourdes… Mais je n'ai aucune preuve de leur éventuelle activité de prostitution.

Est-ce que je peux vraiment être si tranché au moindre soupçon ? Le profil de réservation était vraiment clean, ce qui n'est vraiment pas souvent le cas lorsque ce sont des prostituées. Est-ce que ce n'est pas du dénigrement ? Est-ce que je suis en danger ? Est-ce que ces filles sont méchantes ? La fille me parle bien, contrairement à beaucoup de prostituées…

Elle avait quand même passé beaucoup de filtres « anti-prostituées », j'étais mitigé mais me retrouvant dans un mois creux en saisonnier, j'ai décidé d'accepter sa venue et j'ai décidé de gérer entièrement cette réservation…

Je suis allé chercher une des filles à la gare, l'autre arrivant un peu plus tard. Je discute bien avec la fille pendant le trajet, elle m'annonce que la deuxième fille serait sa sœur, elle me dit qu'elle a de la famille en Russie en Sibérie qu'elle va bientôt aller visiter, elle me dit qu'il fait très froid là-bas, elle me dit qu'elle a un peu peur en voiture car elle a déjà eu un accident qui l'a choquée. En somme, une fille comme les autres, normale, naturelle et « ouverte » (à la discussion).

Je la dépose à l'appartement qu'elle connaît déjà, elle procède au paiement en liquide sans broncher avec la caution de 500€ en liquide également (le paiement intégral en liquide est également une habitude et une préférence des prostituées pour laisser le moins de traces (bancaires)). Je m'en vais…

Je repasse un ou deux jours plus tard dans la rue et je constate que tous les volets sont encore fermés sauf celui de la cuisine.

Je devais aller passer une petite soirée en ville avec des amis un soir et je décide d'aller me garer gratuitement sur le parking privé de mon appartement.

Je rentre vers 23-00h pour aller récupérer la voiture et je vois un homme qui attend devant l'immeuble. Il sonne à un numéro, il a l'air hésitant. Il est assez jeune, je dirais qu'il est étudiant ou du moins qu'il a mon âge. Un type qui ne payait pas de mine. Je rentre dans l'enceinte de la copropriété et ouvrant donc la porte, il en profite pour s'engouffrer également dans la copropriété. Je m'assois sur les marches permettant d'accéder aux appartements et j'attends volontairement ici faisant mine d'être sur mon téléphone pour surveiller le comportement de cet étranger que je n'avais jamais vu dans la copropriété.

Je constate qu'il ne connaît pas les lieux puisqu'il se dirige vers la cour tout au fond et vers le parking extérieur, là où il n'y a rien à faire. Les lumières automatiques du parking se sont éteintes automatiquement au bout d'un moment et je vois qu'il ne revient toujours pas du fond du parking au bout de quelques minutes. Mais qu'est-ce qu'il fout ?!

Il finit par revenir et par monter les escaliers accédant à mon appartement. Je décide d'arrêter là et je rentre chez moi. Situation étrange une fois de plus…

Une autre situation étrange s'est déroulée peu de temps après...

Je revenais d'une soirée vers 11h-12h du matin, je n'avais pas dormi chez moi et je retournais à l'appartement pour récupérer ma voiture que j'avais garé à nouveau sur le parking privé de l'appartement. Je m'étais pris un kebab que je mangeais tranquillement sur les marches dans la cour de la copropriété.

Puis, je vois un homme descendre les escaliers, encore un homme que je n'avais jamais vu dans la copropriété.

Pour information, c'est une petite copropriété bourgeoise d'une petite dizaine de lots donc tout le monde se connaît. L'homme avait l'air normal avec une petite veste sans-manches, un jean, des sneakers et des lunettes.

C'est quand même fou. A chaque fois que ces deux clientes ukrainiennes sont là, je rencontre des nouvelles personnes dans la copropriété. Et toujours des hommes…

Ça devenait vraiment de plus en plus étrange et les soupçons se sont révélés vrais suite à une erreur qu'elles ont commise.

Mon gestionnaire a envoyé un message aux ukrainiennes leur demandant quand est-ce qu'il pouvait venir pour procéder au checkout et pour récupérer les clés.

Les deux ukrainiennes ont dû penser que mon gestionnaire était un client intéressé par leurs services à la vue d'un numéro inconnu leur envoyant un SMS puisqu'elles lui ont envoyé une réponse copiée-collée contenant toutes les prestations et tous les tarifs.

Voici mot pour mot le SMS que mon gestionnaire a reçu :

« *Hi dear !! My price for 30mn 150 ; for 1h 200.*

Extra : anal +100 ; swl +100 ; private fotos +100. Cim/cif +50.GS+50.

Servises : Anal ; SWL ; 69 ; CIM/CIF/CIB ; Toys ; DFK, GFE, PSE, BJ without condom, Full Body Massage, Lingerie, Fetish, Foot Fetish, Pr Massage ; GS ; Shower together.

Dress : secretary, latex, sexy underwear, high heels.

Address : private apartment : xxx »

Autant vous dire que je n'ai pas tout compris immédiatement à la première lecture de ce SMS mais ne comptez pas sur moi pour vous faire la traduction, je vous laisse faire comme moi : une petite recherche Google. ☺

Je m'en rappelle encore, il m'a immédiatement appelé au téléphone alors que j'étais à un apéro entre investisseurs immobiliers à Paris, je peux vous dire qu'on a bien rigolé quand on a vu ce message. Ça restera des souvenirs mémorables.

J'ai caché l'adresse qui était donnée dans le texto mais il faut savoir que ce n'était même pas l'adresse de mon appartement.

C'était l'adresse de l'appartement d'en face et on voit tout de suite un peu plus clair dans leur organisation. Toutes les fenêtres étaient fermées sauf celle de la cuisine car depuis cette fenêtre, il était possible pour les filles d'avoir un point de vue sur l'appartement d'en face.

Les filles donnaient sûrement rendez-vous aux garçons à l'adresse de l'appartement d'en face et elles pouvaient avoir un aperçu de qui elles allaient rencontrer. C'était leur filtre. Si le garçon ne correspondait pas à leurs critères ou si il était accompagné, elles devaient tout simplement faire les mortes…

Depuis, elles ont demandé à revenir mais j'ai répondu par la négative prétextant que l'appartement était occupé car c'est un vrai problème que d'avoir à faire face à des prostituées d'un point de vue légal.

Premièrement, on ne sait pas si on est face à une prostituée qui agit seule, pour son propre compte, en postant des annonces sur Vivastreet (un « Leboncoin-Like » largement utilisé par les prostituées car il y a la présence d'une rubrique « Rencontres ») ou si nous sommes face à un véritable réseau organisé de type mafieux.

Ces réseaux peuvent ne pas rigoler si ça se passe mal. Ils sont là pour faire beaucoup d'argent et exploiter des filles.

Lors d'un meet-up Airbnb où étaient réunis des bailleurs louant en saisonnier à Reims, un propriétaire me racontait qu'il avait lui aussi hébergé des prostituées à son insu et que lorsqu'il s'en est rendu compte et qu'il a voulu mettre la fille dehors, c'est le mac qui est intervenu et ça s'est mal passé au point d'en venir aux mains. La police a dû intervenir…

Le mac n'est donc jamais très loin et mieux vaut ne pas être un problème dans l'organisation d'un de ces réseaux.

Quand tout se passe bien, ces « voyageurs » font même partie des plus agréables car ils sont très sympas (pour ne pas attirer les soupçons), très conciliants (pour la même raison), payent rubis sur l'ongle en liquide (pour ne pas laisser de traces de virements) et font le ménage parfaitement (pour ne pas laisser de traces de sécrétions sexuelles).

Le problème se trouve aussi au niveau des voisins et de la copropriété qui voient défiler des hommes toute la journée. Ce n'est pas terrible quand on sait que la location saisonnière n'est déjà pas bien accueillie dans certaines copropriétés.

Mais surtout, le gros problème se trouve au niveau de la loi. La loi dit que peu importe la façon dont on soutient la prostitution, par exemple en fournissant un logement où cette activité sera réalisée, nous sommes un proxénète.

> Voici ce que dit un des articles du Code Pénal à propos du proxénétisme :
>
> « *Article 225-5 du Code Pénal -*
>
> *Le proxénétisme est le fait, par quiconque, de quelque manière que ce soit :*
>
> *1° D'aider, d'assister ou de protéger la prostitution d'autrui ;*
>
> *2° De tirer profit de la prostitution d'autrui, d'en partager les produits ou de recevoir des subsides d'une personne se livrant habituellement à la prostitution ;*

> *3° D'embaucher, d'entraîner ou de détourner une personne en vue de la prostitution ou d'exercer sur elle une pression pour qu'elle se prostitue ou continue à le faire.*
>
> *Le proxénétisme est puni de sept ans d'emprisonnement et de 150 000 euros d'amende.* »

Autant dire que j'entre parfaitement dans le cadre de l'alinéa 1° et 2° puisque j'ai aidé et protégé la prostitution d'autrui en fournissant un appartement et que j'ai tiré un profit de la prostitution d'autrui en faisant payer un loyer pour l'utilisation de l'appartement.

Si on m'avait dit que je serais un jour proxénète le temps de quelques nuits, je ne l'aurais pas cru.

— *Les hôteliers veulent ma peau* —

Le deuxième problème que j'ai rencontré et que je rencontre toujours d'ailleurs est celui de la « guerre » entre les meublés touristiques et les hôtels. Je n'utiliserais pas forcément le mot guerre mais beaucoup de propriétaires d'hôtels semblent vouloir employer ce terme…

Comme première apparition dans les médias, j'ai eu la chance d'apprendre que le journal local m'avait indirectement cité dans un article dont le titre est : « *Les hôteliers pestent contre la concurrence des sites Internet* ». Chaque année, les hôteliers ont eux-aussi une assemblée générale au travers de l'Union des Métiers et Industries de l'Hôtellerie (UMIH). Durant cette assemblée, ils font le point sur la croissance de leur activité, sur ce qui va et sur ce qui ne va pas.

L'article indique que le président de la région de la Marne a été drôlement surpris, un soir, en se connectant à son ordinateur, en découvrant qu'il était possible de louer un appartement Boulevard Lundy pour 75€ pour quatre personnes, ce qui semble être bien trop peu pour lui.

Cet appartement qu'il cite est le mien, sans aucun doute, puisqu'il y a très peu de meublés touristiques sur le Boulevard Lundy et que je suis le seul sur ce Boulevard qui louait à 75€/nuit.

Sûrement trop bas pour lui mais le président n'a pas dû approfondir ses recherches et a dû survoler les offres en regardant le prix de façade et non pas le prix final.

Pour quatre personnes chez moi, il faut ajouter 25€/personne/nuit à partir de la troisième personne, ce qui fait immédiatement un tarif de 125€ la nuit pour quatre personnes sans compter les frais de ménage de 15€. De plus, la nuitée est désormais vendue 82€, ce qui fait que la nuitée est finalement vendue entre 97€ et 147€ si on ajoute les frais annexes. Un prix bien plus en cohérence avec les prix du marché.

Un participant de cette assemblée a d'ailleurs réagi en indiquant, je cite : « N*ous avons à nous demander pourquoi les clients vont vers ces produits* ». C'est une excellente remarque et tous les hôteliers devraient réagir de la sorte plutôt que de lever immédiatement le bâton envers les méchants loueurs en meublés touristiques.

Je peux comprendre la détresse des hôteliers pour qui leur hôtel représente l'investissement de toute une vie et dont pour certains, il reste encore un gros emprunt à rembourser.

Je peux aussi comprendre la détresse des taxis face à la concurrence des Uber quand il reste la fameuse licence à plusieurs dizaines de milliers d'euros à rembourser (même si ça reste un marché d'achat et de vente qu'ils ont eux-mêmes créé)...

Heureusement ou malheureusement, tout dépend de quel côté on se place et comme on en a déjà parlé auparavant dans ce livre, le monde change très vite et connaît une globalisation matérialisée par une économie de partage (« sharing economy »).

Les BlaBlaCar, Airbnb et Uber sont déjà très vite rentrés dans un mode de consommation de nombreuses personnes dans le monde, dont moi.

Je n'ai jamais pris un taxi de ma vie en France. Mais quand Uber est apparu, j'ai commencé à très souvent consommer ce service.

J'utilise régulièrement le service BlaBlaCar lorsque je dois me déplacer en France (sauf pour les trop longs trajets).

Je me loge aussi de manière quasi-exclusive dans des Airbnb sauf quand j'ai besoin d'aller vite et que je n'ai pas envie de galérer avec la remise des clés au checkin. Ça ne m'empêche pas de dépenser beaucoup d'argent dans les différents bars d'hôtels...

Je ressens aussi ce mode de consommation chez beaucoup d'amis de ma génération et ils aiment cela. Les hôtels et taxis ont donc beaucoup de soucis à se faire quant à leur futur qui, selon moi, ne s'annonce pas du tout radieux même si ils font tout pour handicaper cette nouvelle économie en voulant la pointer du doigt comme étant la grande méchante.

Les hôtels reprochent un grand nombre de choses aux meublés touristiques : flou juridique, charges et obligations différentes, bailleurs qui font du black et ne paient pas d'impôts...

Mais peut-on réellement comparer l'offre d'un hôtel et l'offre d'un meublé touristique ? C'est quelque chose que j'ai voulu vérifier en faisant le sondage directement auprès de mes clients.

Lors du checkin, je leur posais deux questions :

1. Pourquoi vous avez choisi un meublé touristique et non pas un hôtel ?

2. Pensez-vous que l'on peut comparer les deux offres ?

Concernant la première question, ce qui ressortait immédiatement, c'était le tarif en association avec la valeur ajoutée que les clients ressentaient.

La chambre d'hôtel est plus chère et trop stérile et impersonnelle alors que, bien souvent, l'appartement est en bien meilleur état que la chambre d'hôtel.

Ce qui revient ensuite, c'est le côté de l'expérience, l'envie d'essayer un truc nouveau et à chaque checkout, les gens pour qui c'était la première fois, disent tous qu'ils recommenceront, qu'ils ont adoré ce contact et ce sentiment de partage.

Ils adorent parler avec le propriétaire qui est quelqu'un qui habite la ville, qui est un local et qui va pouvoir leur recommander de manière personnelle des activités ou restaurants. Les voyageurs se sentent intégrés immédiatement dans la vie locale en ayant un appartement et en rencontrant un habitant de la ville.

A chaque fois que je rencontre mes voyageurs, on discute quelques minutes de tout et n'importe quoi, chose qui ne m'est jamais arrivée à une réception d'hôtel.

Ensuite ressort la liberté et l'espace. Les voyageurs ont bien plus de place dans un appartement entier que dans une chambre d'hôtel.

Et là-dessus, je pense qu'on est tous unanimes. Une chambre d'hôtel, c'est une chambre au sens propre du terme. Il n'y a rien d'autre sauf si vous prenez une suite ou un appart-hôtel. Tandis que lorsque vous louez un appartement, vous avez accès aux commodités d'un vrai appartement.

Ce qui ressortait beaucoup auprès de mes clients, c'était surtout lorsqu'ils étaient quatre voyageurs. Vous savez, lorsqu'on est quatre voyageurs, il faut bien souvent prendre deux chambres d'hôtels. Les chambres pour quatre voyageurs sont relativement rares. Du coup, cela augmente drastiquement les prix et ça retire une bonne dose de plaisir car les deux couples d'amis préfèrent largement être dans le même logement. Ils peuvent en plus de ça préparer l'apéro dans la cuisine et le prendre tranquillement dans le salon, c'est un vrai plus.

Ils ont accès à une cuisine équipée avec tout ce qu'il faut pour cuisiner avec un réfrigérateur, un four, un micro-ondes…

Les clients ont donc véritablement le choix d'aller au

restaurant ou de rester à l'appartement pour cuisiner avec des aliments locaux comme un habitant local. Ils se sentent à la maison à l'étranger et ils adorent. Imaginez-vous en train de faire votre petite cuisine en Amérique, en Argentine ou en Thaïlande avec des aliments locaux, c'est quand même assez fun et ça dépayse bien, non ?

Mais ce qui ressort aussi, c'est lorsqu'il y a des enfants en bas âge à qui il faut par exemple donner le biberon. Aller faire le biberon dans la salle de bains, ce n'est pas forcément la chose la plus idéale. Et croyez-moi, il y a énormément de familles qui voyagent à l'étranger, et parfois très loin, avec des enfants en bas âge.

Pour terminer sur cette première question, la mise à disposition d'un lave-linge gratuit dans certains appartements est un vrai plus quand on sait la petite fortune qu'il faut débourser dans un hôtel pour obtenir ce service (et quand on sait aussi que certains hôtels ne proposent même pas le wifi gratuitement mais, ça, c'est autre chose).

Pour rebondir sur la seconde question, lorsque je demandais à mes clients si on pouvait comparer les deux offres (un hôtel et un meublé touristique), ils étaient TOUS unanimes sur un point.

C'est que les deux offres proposent le même service de base : un endroit pour dormir. Perspicace.

Autrement, les clients pensent en majorité que c'est à l'industrie de l'hôtellerie de faire en sorte de renouveler son offre de façon à être adaptée à ce qui est actuellement présent sur le marché afin de rééquilibrer ce dernier. Donc, non, selon eux, l'offre d'un meublé touristique n'est pas comparable à l'offre d'un hôtel.

Ce qui est donné comme avantage aux hôtels, ça reste le fait qu'on fait une vraie coupure avec notre quotidien. On se déleste de tout : une femme de ménage vient nettoyer notre chambre tous les jours, le petit déjeuner est préparé…

Dans un meublé touristique, il faut tout gérer au niveau des repas, de la propreté des lieux… C'est la maison mais ailleurs !

En plus de ça, il faut être synchro pour récupérer les clés avec un propriétaire ou gestionnaire alors qu'il est possible à l'hôtel de se pointer à n'importe quelle heure, de récupérer les clés à la réception et de faire sa vie comme on le souhaite en restant totalement « inconnu » et sans avoir à parler à qui que ce soit des petites futilités de la vie et du quotidien.

Il y aurait donc un marché pour les hôtels (contact un peu plus froid) et un marché pour les meublés touristiques (contact un peu plus chaud), les deux offres n'étant pas adaptées à tout le monde.

Il est vrai que je consomme beaucoup de meublés touristiques de manière personnelle, surtout pour des vacances, car on a souvent accès à une multitude de logements aux caractéristiques étonnantes et aux décorations locales et authentiques contrairement aux chambres d'hôtels qui se ressemblent toutes et qui sont très stériles (hors haut de gamme).

Toutefois, lorsqu'il faut aller vite et que je sais que je ne vais jamais être dans le logement, j'ai plutôt tendance à utiliser des hôtels. Tout dépend du contexte.

J'aime beaucoup utiliser les services de l'hôtellerie de luxe également mais on sait tous que le marché du luxe n'est que très peu concerné par cette « guerre ».

Alors certes, sonder des personnes utilisant le service d'un meublé touristique n'est peut-être pas la chose la plus impartiale pour avoir des résultats fiables et les clients d'un hôtel répondraient peut-être différemment mais cela donne une bonne idée de l'état d'esprit des nouveaux consommateurs de ce type d'hébergement.

Pour en revenir à l'article de journal, celui-ci concluait sur une note assez sèche de la part du président qui disait : « *Ce sont effectivement des débordements mais nous ferons contrôler ces gens-là, il faut seulement que vous nous les signaliez* ».

A ce jour, je n'ai reçu aucun contrôle et d'ailleurs je ne vois clairement pas de qui je pourrais recevoir un contrôle.

J'aimerais également savoir ce qu'il qualifie de « débordement » ?!

Est-ce directement le président qui va venir me faire une petite leçon ?

Dans la mesure où je suis totalement en règle :

- Déclaration du meublé de tourisme à la mairie (CERFA et cachet de la mairie).

- Récolte de la taxe de séjour et versement du produit à la mairie de manière trimestrielle.

- Déclaration de l'entièreté des revenus issus de la location au fisc français et paiement de l'impôt.

Aucune action n'est possible contre moi actuellement sauf si la législation autour des meublés touristiques venait à être modifiée… A suivre !

Mentalité française, vous allez vous faire juger

« Ce n'est pas parce que les choses sont difficiles que nous n'osons pas, c'est parce que nous n'osons pas qu'elles sont difficiles. »

Sénèque

« T'es riche toi ! »

« Tu fais quoi dans la vie ?! »

« T'es vraiment un mystère professionnellement ! »

« Je comprends rien à ce que tu fais dans la vie, t'es écrivain ?! »

« Tu fais quoi pour être toujours en vacances ? »

[...]

Le regard des autres lorsqu'on souhaite entreprendre peut parfois être une des choses les plus dures à supporter. Vous vous trouvez dans un réel processus de changement de croyances et vous faites ou priorisez des choses que le commun des mortels peut parfois ne pas comprendre.

Votre entourage peut passer par plusieurs sentiments en passant de la peur pour vous et votre futur, à la jalousie, au mystère ou au sentiment que vous êtes blindés aux as.

Je me rappelle d'une soirée que j'avais passé avec un ami entrepreneur et deux amies à lui dans mon appartement à Epernay. Il n'était pas loué ce soir-là et j'en avais donc profité pour organiser un petit apéro, c'est un des avantages d'avoir différents meublés de tourisme, c'est qu'on peut en profiter quand ils sont libres.

Les bières et les coupes de Champagne défilaient et nous en sommes venus à parler d'orientation professionnelle. Aux yeux des deux copines de mon ami, nous étions très bien financièrement mais elles voyaient quand même un gros risque dans notre situation.

Je me rappelle de cette phrase que l'une d'elles a cité et que j'entends régulièrement lorsque je parle de business avec des gens non-éduqués sur ce milieu : « Et si demain tout s'arrête ?! ».

Je me souviens qu'une des deux filles cherchait du travail en puériculture et n'arrivait pas à en trouver. Au mieux du mieux, elle trouverait un CDI, un Contrat à Durée INDÉTERMINÉE. Et si demain tout s'arrêtait pour toi aussi ? Ton contrat a une durée indéterminée, c'est chaud, non ?

Tout a une durée indéterminée sur Terre.

Que ce soit la durée de votre relation amoureuse ; que ce soit la durée de vie de votre entreprise ou de votre propre personne ; ou encore même l'existence de l'être humain sur cette planète. Oui, tout s'arrêtera un jour, peu importe le domaine et on ne sait pas toujours quand.

Je ne vais pas arrêter de faire de la location saisonnière aujourd'hui parce que j'ai peur que ça s'arrête demain ou je ne vais pas arrêter d'être présent sur les marchés financiers parce que j'ai peur que ça n'existe plus demain. Ce serait ridicule. Le plus important, c'est de prendre du plaisir dans ce que vous faites au quotidien tout en prenant des risques limités et contrôlés.

Pourquoi demain tout s'arrêterait pour moi ? Pourquoi mes appartements en location saisonnière ne se loueraient plus ? Au pire, je les rebascule en location longue durée... Pourquoi mon meublé étudiant ne se louerait plus ? Il y aura toujours des étudiants à Reims... Pourquoi mes conseils pour réussir son année de médecine ne se vendraient plus ? Il faudra toujours former des médecins... Pourquoi mes conseils en investissement immobilier ou boursier ne se vendraient plus ? Il y aura toujours un marché immobilier et un marché boursier... POURQUOI ?!

Tous mes appartements ne vont pas prendre feu en même temps et tous mes sites ne vont pas se faire hacker également simultanément...

Les gens veulent toujours imaginer le pire pour ce que font les autres dès que cela sort des sentiers battus sans se rendre compte que leur propre situation est bien plus dangereuse et délicate. Mais cela ils ne s'en rendent pas compte car ils ont des œillères ET la tête dans le guidon, une somme qui fait qu'on avance dans la vie en suivant les schémas sociaux dictés sans imaginer plus d'une seconde la possibilité de prendre un chemin alternatif bien plus épanouissant et pas forcément toujours plus risqué…

Avoir une source de revenus ou plusieurs sources de revenus ? Que préférez-vous ? Recevoir une fois 5000€ le 15 du mois ou 30 sources de revenus différentes qui génèrent chaque jour 166,66€ faisant un total de 5000€ aussi chaque mois ?

Pour moi, la question ne se pose même pas. Vous devez faire en sorte de créer différentes sortes de revenus à travers l'immobilier, la bourse, la création de business, l'affiliation… Ce n'est clairement pas une question de capacité mais de motivation. Tout le monde peut le faire. Step by step.

J'ai rencontré des gens en séminaire qui ont des histoires de fous et qui partent sûrement de bien plus loin que vous. J'ai vu des gens qui pour se (re)lancer dans la vie et éponger une dette ont mis leur propre logement en location sur Airbnb et ils allaient dormir chaque nuit dans leur propre voiture. N'est-ce pas là un bel exemple de motivation ? Si vous le voulez vraiment alors vous trouverez des moyens de le faire. J'ai également rencontré des gens qui étaient en échec scolaire et qui sont devenus chef d'entreprise. J'ai même rencontré quelqu'un qui était SDF et qui est devenu multipropriétaire dans des villes prestigieuses où le prix du mètre carré n'est pas celui de la Creuse. Je trouve cela incroyable.

Pour beaucoup de personnes, malheureusement, vouloir gagner de l'argent serait quelque chose de mauvais et pourrait être résumé par cette croyance : « Si tu gagnes plus d'argent, ça veut dire que quelqu'un en a moins ».

L'argent ne se résume pas à une simple opération d'addition ou de soustraction sur le compte bancaire de quelqu'un. L'argent permet de créer de la valeur et donc, par extension, plus d'argent. Un même billet peut créer plusieurs fois de la valeur pour différentes personnes.

Laissez-moi utiliser un exemple pour démontrer cela.

Prenons trois amis et un billet de 50€. Le premier ami en possession du billet de 50€ va acheter un jeu vidéo à l'ami n°2.

L'ami n°1 possède donc le jeu vidéo, il a reçu de la valeur et l'ami n°2 possède le billet de 50€.

Maintenant l'ami n°2 va acheter à l'ami n°3 un jean. L'ami n°2 possède le jean, il a lui aussi reçu de la valeur et l'ami n°3 possède maintenant le billet de 50€.

Dans l'histoire, le billet de 50€ a circulé de main en main et a créé de la valeur pour trois personnes. C'est le même billet qui a permis d'acheter un jeu vidéo, un jean et d'enrichir une personne de 50€. C'est le même billet qui a été au centre des transactions.

Donc ce n'est pas parce qu'on gagne plus d'argent, que quelqu'un en a moins. Non, la personne qui a moins d'argent a reçu en contrepartie de la valeur, on ne l'a pas volé, sauf dans le cas d'arnaques et d'escroqueries bien sûr.

Quand vous avez compris cela, vous avez compris que l'argent est un outil, que l'argent est illimité et que tout le monde peut en générer à sa guise. Aujourd'hui, ce ne sont plus que des chiffres sur un écran, il y a plus d'argent « pour de faux » sur un écran que d'argent « pour de vrai » en billets ou en pièces et on tend de plus en plus vers cette tendance avec la disparition de l'argent physique.

Chaque seconde, des millions d'euros changent de main, à vous de piocher une poignée de billets dans ces transactions, à vous de rediriger une partie de ces flux vers votre compte bancaire en créant de la valeur pour les autres.

Les cinq phrases que j'ai mis en début de chapitre sont des phrases que des amis ou des connaissances m'ont déjà dit et ce n'est pas toujours facile de répondre à ce genre de choses.

« *T'es riche toi !* » : Non, tout dépend de la définition de riche (5k, 10k, 100k€/mois ?) et par rapport à qui on se compare (un monégasque, un smicard français ou un Indien ?).

« *Tu fais quoi dans la vie ?!* » : Je suis entrepreneur et investisseur.

« *T'es vraiment un mystère professionnellement !* » : Apprenons à se connaître autour d'un café ?

« *Je comprends rien à ce que tu fais dans la vie, t'es écrivain ?!* » : J'ai déjà écrit un livre, oui, mais je me considère nullement comme un écrivain.

« *Tu fais quoi pour être toujours en vacances ?* » : Je ne suis pas toujours en vacances mais je le suis peut-être plus que la moyenne et les gens ne voient peut-être que ces moments là de ma vie. J'ai aussi la chance de pouvoir travailler dans de beaux endroits sans forcément être en vacances au sens premier du terme.

Ce n'est jamais évident d'expliquer aux gens ce que l'on fait de sa vie quand on est entrepreneur et investisseur avec de multiples casquettes.

Comme disait Aristote : « *Il n'y a qu'une seule façon d'éviter les critiques. Ne rien faire, ne rien dire, et n'être rien.* » Avez-vous vraiment envie de ne rien être ?

Il est clair qu'entreprendre, c'est parfois traverser des moments de doutes intenses. Devant certains échecs dans ce qu'on essaie de construire, on peut se mettre à penser que, finalement, la vie « normale » est peut-être mieux…

On peut également se sentir parfois trop différent des autres, avoir l'impression d'être à contre-courant et de ne plus comprendre les réactions de certaines personnes de notre entourage.

L'être humain est très influençable, c'est ce qu'on appelle l'effet mouton. C'est une théorie psychologique qui se résume à dire que l'être humain aura tendance à imiter les autres lorsqu'il ne sait pas comment réagir lorsqu'il est face à une situation particulière. Il imite d'autant plus les autres quand ces derniers sont nombreux ou influents et donc, par extension, plus « puissants ».

C'est donc la raison pour laquelle beaucoup suivent le schéma classique du « métro-boulot-dodo » sans imaginer qu'il y ait d'autres possibilités.

« Si tout le monde fait ça, ça veut donc dire que c'est normal. ». Par exemple, je suis presque certain que quand il s'agissait de choisir entre deux restaurants sur une même place, un critère déterminant dans votre choix, bien au-delà de celui du menu, était de regarder si il y avait du monde dans le restaurant. Je suis sûr que vous n'êtes pas rentré dans un restaurant juste parce que celui-ci était désert.

> Ai-je fait les bons choix ?
>
> Est-ce que j'ai quitté la vie active parce que je ne voulais vraiment pas de cette vie-là ou est-ce que c'est parce que je n'avais finalement pas les capacités de l'affronter ?
>
> Est-ce que ce que je fais, c'est si bien que ça ?
>
> Est-ce que j'aide vraiment les gens à travers ce que je leur propose ?

Et puis merde, pourquoi je n'irais pas au travail toute la journée pour rentrer chez moi le soir, regarder la télé et boire une bière, c'est bien ça, non ? C'est peut-être plus simple de répondre aux ordres d'un patron.

> Est-ce que j'ai vraiment réussi ou est-ce que je (me) donne l'illusion que j'ai réussi ?

Peut-être vous êtes-vous déjà posé ces questions ou peut-être avez-vous déjà ressenti ces sentiments. Rassurez-vous, c'est tout à fait normal. Soyons clairs : bien sûr qu'entreprendre est la meilleure chose au monde, c'est certainement la porte qui, une fois ouverte, vous donnera la possibilité d'en ouvrir d'autres de manière quasi-infinie.

L'entreprenariat vous apporte une richesse d'esprit incroyable et des possibilités grandioses alors n'abandonnez jamais face à l'échec même si on essaie de vous décourager.

— *Les haters, je les aime du fond de mon cœur* —

Voici trois commentaires très marrants que j'ai déjà pu recevoir sur Internet concernant mes différentes activités, je n'en mets que trois car je ne voudrais pas accorder trop d'importance à ces personnes mais ils ont l'avantage de bien me faire rire.

> #1 – A propos de ma vidéo sur les écoles de commerce : « concentré d'un petit branleur qui après s'être ex*cité sur youporn avec quelques investissements hasardeux se permet de flinguer des personnes qui investissent dans la connaissance, c'est sûr que quand on est esclavagiste (propriétaire louant en courte durée), on est loin d'être capable de suivre des cours de MBA car il faut au moins parler 3 langues, allez RAT RACE ! Grosse tâche* ».

> #2 - A propos de ma vidéo sur les écoles de commerce (encore !) : « *Ce qui est très marrant, c'est que les personnes qui ont loupé leurs études trouvent que celles-ci sont des arnaques. « Les professeurs ne sont pas à jour». Je ne connaissais pas cette expression. Je vais te dire, on sent que tu n'as pas fait une Ecole de Commerce. Je pense que même portier de l'établissement, tu n'y arriverais pas. Si tu veux gagner de l'argent, apprends à calculer et surtout à jongler avec les pourcentages. T'es trop bon, tu as dû faire l'école du rire. Je t'embrasse et surtout dis-moi quand tu fais ta prochaine vidéo. Une chose qui ne me semble pas crédible c'est quand tu dis que tu lis.....Sans déconner, tu sais lire ?* ».

> #3 – A propos d'une vidéo-interview d'un jeune entrepreneur de 27 ans générant 25 000€/mois : « *Attend une seconde mon petit Maximus, t'es en train de raconter que t'es blindax mais ta toujours pas changé ta chemise babou»..!? O_o* ».

Rappelez-vous ce que disait Aristote : « *Il n'y a qu'une seule façon d'éviter les critiques. Ne rien faire, ne rien dire, et n'être rien.* ».

Personnellement, j'adore recevoir des commentaires ou des messages de ce type car cela ne veut dire qu'une seule chose : ce que je fais intéresse ou dérange.

C'est très important de polariser son audience et d'avoir des gens qui sont « fans » de vous, vous suivent, sont en accord avec ce que vous pensez et vont donc vous défendre et, de manière opposée, avoir des gens qui vous détestent, vont vous insulter et feront le maximum pour vous freiner.

Comme on dit : « *Plaire à tout le monde, c'est plaire à n'importe qui.* ».

J'apporte une importance particulière au fait d'avoir une audience à mon image, c'est important pour moi.

Par exemple, j'applique le tutoiement dans mes vidéos ou lorsque j'échange avec mes clients et des fois, je ne me prends pas la tête dans mon style vestimentaire sur certaines vidéos, j'estime qu'il n'est pas nécessaire de forcément être toujours en costard cravate pour parler argent. Vous me verrez souvent faire des vidéos en t-shirt, en maillot de bain, avec des lunettes de soleil ou même en chaussons. Et c'est comme ça. Même si on n'a pas deux chances de faire une première bonne impression, je m'en fous. J'estime que les conseils dispensés dans la vidéo sont plus importants que l'apparence vestimentaire. Ça me porte peut-être préjudice mais c'est comme ça, c'est également ce qu'on appelle le « branding », les gens m'aiment comme ça, ou pas. Je suis comme ça.

Et je veux une audience à mon image. Des gens cools et sérieux qui ne se prennent pas la tête sur des détails. Certains vont me dire « *mais t'es sérieux de faire une vidéo habillé comme ça ou dans cet endroit ?* », ces gens-là, je ne les veux pour rien au monde en clients.

Celui qui va vouloir que je le vouvoie lors de nos échanges, je préfère le rembourser plutôt que de le garder en client, je ne vais pas me sentir à l'aise avec lui.

Les voleurs qui téléchargent le contenu de mes formations et qui, deux heures après, demandent le remboursement pour des raisons complètement ahurissantes, je les rembourse immédiatement. Je ne veux pas garder l'argent de gens comme ça, ça ne m'intéresse pas. Ils ne sont pas alignés sur mes valeurs et je préfère qu'ils se barrent avec mon contenu et qu'ils me laissent tranquille. Ils n'iront pas loin avec une mentalité de voleur.

— *Le problème des gens en France* —

On a beau le dire, il y a quand même un vrai problème en France avec cette fameuse mentalité française. Ce n'est pas un mythe.

Le français moyen est un petit franchouillard qui n'accepte que ce qu'il a décidé d'accepter et il n'est que très peu tolérant. En d'autres termes, le franchouillard est un bon chauvin pour lequel l'ouverture d'esprit est quelque chose qu'il a du mal à concevoir. Un bon gros frustré. Beaucoup de personnes cultivent malheureusement l'envie et le mépris plutôt que de cultiver la culture de la gagne, cette positivité qui est bien manquante en France.

> Beaucoup de français cultivent aussi la culture de l'hypocrisie.

Réussissez et on vous dira que vous avez eu de la chance, que vous êtes un escroc ou que vous avez changé. Votre réussite va magiquement devoir vous rendre redevable envers les autres et vous allez attirer beaucoup de gens intéressés par la richesse, financière ou matérielle, que vous avez pu accumuler. Si on ne vous jette pas le mauvais œil parce que vous avez mieux réussi que les autres avant…

Echouez et on vous étiquettera comme un looser, on vous dira « *tu vois, je te l'avais dit que ça ne marcherait pas* » car les gens ne veulent pas que vous réussissez là où ils ont échoué… Autre réaction que vous pourriez entendre lors d'un échec, ça va être : « *oh mon pauvre, t'as vu c'est quoi la France, c'est impossible de réussir dans ce pays de toute façon, c'est à cause de la crise…* ».

Car oui, la crise a bon dos en France. Seriez-vous au courant que c'est la « crise » si tous les médias ne vous l'avaient pas rabâché sans arrêt ?

N'oubliez pas que VOUS êtes la croissance de la France. La croissance individuelle de chaque individu contribue à la croissance globale d'un pays. Avant de crier au scandale sur le fait que la croissance du pays est dégueulasse, analysez votre propre situation, posez les chiffres et demandez-vous si vous contribuez à la croissance de la France ou si vous freinez celle-ci... Beaucoup de gens que je connais et qui se plaignent n'aident pas la France si on analyse leur propre croissance individuelle...

Cela me fait penser à une amie rémoise qui a déménagé en Thaïlande, à Pattaya. A chaque fois qu'elle revient à Reims et qu'on se voit, elle me fait le même constat. La mentalité des français est dégueulasse.

Il y a un manque d'ouverture sociale important, les gens préfèrent rester entre eux à critiquer les autres plutôt que de voir la richesse que les autres personnes pourraient apporter dans leurs vies. Juger, une activité devenue une passion chez le français où l'on se satisfait à scruter les défauts de l'autre avant de voir ses qualités. Elle me ressortait qu'il y avait aussi un gros jugement sur les apparences, ce que je ne peux que valider. Soyez un peu trop différent, sortez du lot et vous êtes catalogués comme « non-normal », encore une fois une preuve d'un manque d'ouverture d'esprit.

Nombres d'amis ayant réalisé des tours du monde ou ayant beaucoup voyagé me confirment ce point de vue et évoquent même qu'il y a certaines choses qu'ils ne pourraient pas faire en France, et qu'ils ont fait à l'étranger, par crainte d'être jugé ou tout simplement parce que ce n'est pas dans les normes de la société.

Connaissez-vous cette petite blague ?

« *Quelle est la différence entre un américain et un français ? Quand l'américain voit une belle voiture, il se dit « Plus tard j'aurais la même ! ». Et quand un français voit une belle voiture, il dit « enfoiré de riche ! ».* »

Sans vouloir réaliser une éloge à l'égard des américains, il est vrai que ces derniers (et d'autres nationalités) ont une culture de la réussite bien plus ancrée dans leurs gènes que nous, les français.

Cela se comprend lorsqu'on regarde l'histoire des Etats-Unis d'Amérique. Les immigrés arrivés sur le territoire américain avaient une mentalité de « vivre ou mourir ». Il y avait tout à construire avec une vraie culture de l'argent. S'est alors installé un capitalisme libéral et une nécessité de production massive créant beaucoup de richesse rapidement. La réussite y a alors été vue comme un modèle à suivre et l'argent n'a jamais été considéré comme étant tabou.

> Avez-vous déjà été gêné, à table, de parler chiffres, revenus ou chiffre d'affaires ?

Il est fort probable que oui. Dire son salaire, c'est gênant en France. On a peur d'être jugé sur ce qu'on gagne. Si on ne gagne pas assez, on a peur de passer pour un nul et on va dire qu'on gagne un peu plus que la réalité. Si on gagne « trop », on a peur d'être qualifié « d'enfoiré de riche » et on va nuancer les propos pour donner le sentiment qu'on gagne moins d'argent que dans la réalité. Ça manque d'honnêteté et de transparence.

Cela me rappelle un reportage que j'avais vu sur M6 dans Zone Interdite où le propriétaire d'un bar à l'Oktoberfest à Munich, en Allemagne refusait catégoriquement de dire le chiffre d'affaires qu'il avait réalisé sur le week-end. Pourquoi ? Aucune idée. C'était confidentiel selon lui et il était totalement gêné face à cette question. Ce sont des reportages où ils adorent faire en sorte que le français moyen se dise : « *Putain, encore un enfoiré de riche alors que, moi, je vais devoir me lever demain matin pour gagner 1500€/ mois* ». Ces reportages sont d'ailleurs diffusés à un moment stratégique : le dimanche soir, juste avant que les gens retournent dans leurs routines.

Je vois personnellement beaucoup d'amis partir de France pour, entre autres, cette mentalité autour de l'argent. Ils en ont marre de cette mentalité morose où gagner de l'argent, c'est mal. Là où le français moyen ne comprend pas toute la richesse qu'un entrepreneur a à apporter à la France, ce dernier s'en va la créer ailleurs.

Comme l'a dit Bernard Arnault, homme d'affaires à la tête de LVMH, qui a voulu obtenir la nationalité belge afin de s'éloigner de la France : « *En France, on aime bien les footballeurs, pas les chefs d'entreprise.* ».

Il n'y a pas que cette mentalité française qui fait partir tous mes amis, et autres français, il y a également cette fiscalité confiscatoire et assassine. Si il existe des paradis fiscaux, peut-on dire qu'il existe des enfers fiscaux ? La question pourrait faire couler beaucoup d'encre mais la fiscalité est aussi aujourd'hui un critère très important dans cette expatriation.

Comme autres critères, on peut aussi citer l'ensoleillement du pays ou encore les formalités administratives qui atteignent parfois des sommets… La France doit aussi être un des pays, malheureusement, au top concernant ce point comme l'avait souligné mes locataires espagnols lorsqu'on a dû remplir des dizaines de pages (contrat de location, état des lieux, inventaire, cautionnement, etc.) en double exemplaire pour un simple appartement…

Dans beaucoup de pays, c'est bien plus simple. Tu paies ton loyer, tu restes. Tu ne paies pas, on te met dehors. Ce n'est pas comme en France où le locataire est le petit protégé de l'Etat si il ne paye pas.

Ne pensez pas que ce chapitre est un réquisitoire contre la France. Au contraire, la France est un pays extraordinaire et riche d'opportunités. C'est un terreau très fertile pour tous ceux qui veulent entreprendre. Ce n'est pas le cas dans beaucoup de pays de ce monde, les français ont beaucoup de chance d'être nés dans ce pays.

Aucun pays n'est parfait et j'aime aussi à dire que l'herbe n'est pas forcément plus verte ailleurs. Encore une fois, il n'y a pas de choix idéaux, que des choix optimaux.

Personnellement, à chaque fois que je pars plusieurs semaines en dehors de France, à l'étranger, lors de différents voyages, c'est toujours un grand plaisir de rentrer en France. Nous avons des infrastructures et des services qu'on ne retrouve pas dans beaucoup d'autres pays sans parler de son art culinaire qui est unique. La France est « belle et raffinée », on ne peut le nier.

Le jour où j'ai dit au revoir à mes professeurs

« Il y a plus de courage que de talent dans la plupart des réussites. »

Félix Leclerc

C'est au cours du premier semestre de l'année 2016 que j'ai décidé de mettre un terme à mes études et que j'étais officiellement dans le grand bain, qualifié « d'indépendant financièrement ». Je ne connaîtrais donc jamais de ma vie ce qu'est le salariat et la rat race. Peut-être que j'aurais aimé ça après tout et que je suis passé à côté de ma vie… Je rigole.

Il m'aura fallu moins de trois ans pour générer suffisamment de revenus pour subvenir à mes besoins et vivre comme je le souhaite. Ma première action a commencé en avril 2014 avec la sous-location de cet appartement à Reims puis, deux petites années plus tard, au courant du premier semestre 2016, j'étais indépendant financièrement après avoir construit tout ce que j'ai énuméré dans ce livre.

Avant avril 2014, il y a eu une période d'apprentissage intensive, c'est la raison pour laquelle je dis « en moins de trois ans » car j'inclus cette période d'apprentissage (un an d'apprentissage et deux ans d'action tout en continuant d'apprendre bien évidemment grosso modo).

Le moment où j'ai choisi d'arrêter mes études ne s'est pas fait n'importe comment. Je ne pouvais pas rendre la chose brutale en me disant que j'arrête mes études sans n'avoir encore rien construit à côté. Cela aurait été très trop risqué si tout ne se passait pas comme prévu et je me serais littéralement retrouvé à poil. En gardant un pied dans les études et en développant mes activités à côté, je gardais une certaine sécurité.

Cette sécurité aurait pu me ralentir en me confortant dans l'idée que je suis toujours dans une certaine zone de confort alors que l'arrêt brutal de mes études aurait pu, lui, me booster à fond en sachant que je me mettais dans une mentalité de « vivre ou mourir » mais cela s'est fait ainsi et ça a plutôt payé.

J'ai décidé de mettre un terme à mes études lorsque j'ai commencé à générer un revenu plus qu'entier avec mes différents business. L'argent ne provenait pas d'un seul business mais bien de différents business avec donc différentes sources de revenus comme je le prône dans le livre.

Cela signifie que j'ai atteint une certaine sécurité financière puisque toutes les sources de revenus réunies me permettent d'être indépendant financièrement et de générer bien plus qu'un revenu de base pour vivre mais, surtout, si une source s'efface, il me reste encore toutes les autres en sachant que ce n'est pas parce que l'indépendance est atteinte que l'on s'arrête de travailler et de créer d'autres sources de revenus.

Il y a donc aujourd'hui un véritable écosystème qui travaille pour moi afin de générer toujours plus de revenus et de bénéfices avec un réinvestissement massif des bénéfices.

Il faut tout de même bien faire attention et bien budgéter tout ça car la perception qu'on peut avoir de nos revenus et de notre pouvoir d'achat peut très vite être abîmée par des charges imprévues, d'autant plus lorsqu'on est entrepreneur et que notre chiffre d'affaires et/ou rémunération peut changer d'un mois à l'autre.

Je ne sais pas si je suis le seul à qui ça fait cela mais on peut souvent passer par différents pics d'émotion lorsque l'on a sa propre entreprise.

Il suffit qu'il y ait une journée ou une semaine où le chiffre d'affaires a été très bon à un tel point où on peut avoir le sentiment qu'acheter une Bentley, finalement, ce n'est pas si cher que ça et que c'est largement accessible et que c'est sûr qu'on en aura une.

Tout comme, on peut subir une semaine dégueulasse en terme de chiffre d'affaires parce que ce qu'on a voulu implémenter n'a pas fonctionné ou tout simplement car c'est un mauvais mois pour le business dans lequel on opère pour qu'on ait l'impression qu'un simple gel douche à trois euros, ce n'est pas si donné que ça en fin de compte.

L'exemple que je viens de prendre est un peu extrême mais l'idée générale est là.

Connaître nos charges opérationnelles et avoir une estimation du chiffre d'affaires est quelque chose d'important pour ne pas se retrouver au dépourvu.

J'ai donc arrêté mes études à la fin de ma troisième année de médecine (après en avoir fait cinq avec les redoublements) et cela avec un grand plaisir même si les gens avec qui j'ai l'occasion de parler de cela sont toujours très surpris.

— « *Mais t'es fou d'arrêter tes études !* » —

Les gens sont en général surpris par le changement brutal d'orientation en passant du médical à l'entreprenariat.

Ils me posent tous plus ou moins cette question : « *Mais tu te rends compte que tu aurais pu être médecin, avoir un salaire confortable et du travail ?! Que ton avenir était fait ?! Pourquoi tu ne termines pas tes études et continue les deux en même temps ?* ».

Oui, oui. Je m'en rends bien compte et je vous réponds : « *Et alors ?* ».

Quel est l'intérêt de passer délibérément plusieurs années de sa vie à faire quelque chose qui ne nous plaît pas ? Je ne tiens pas à être sadique envers moi-même, à être triste en me réveillant au quotidien parce que j'exerce une profession que je n'aime pas mais que j'exerce parce que je suis sûr d'avoir du travail et un salaire…

> Quand on voit déjà le nombre de burn-out ou de karoshi au travail…

Le karoshi est un terme japonais désignant une maladie professionnelle qui entraîne une mort subite bien souvent due à un arrêt cardiaque et qui touche principalement les cadres supérieurs suite à une surcharge de travail ou à une dose de stress trop importante. Non merci.

Vous devez dessiner la vie que vous souhaitez vivre. M'imaginez-vous me lever chaque matin prêt à rejoindre mon cabinet ou l'hôpital dans lequel j'exerce en me disant, malheureux : « *Et si j'avais osé faire ce que je voulais vraiment faire de ma vie, en serais-je là aujourd'hui ?* ».

D'autant plus lorsqu'on est jeune, on a toute la vie devant nous, on a largement le temps de se relever si on tombe et c'est à ce moment-là qu'il faut entreprendre pour n'avoir aucun regret dans le futur.

On me dit aussi souvent : « *Tu ne regrettes pas d'avoir arrêté ?* ».

C'est un choix que je ne regrette aujourd'hui pour rien au monde tant le lifestyle (style de vie) que cette nouvelle vie m'a apporté est jouissif. Je gagne plus d'argent, je voyage plus et je suis plus heureux que la très grande majorité des français et des gens de ce monde. Dieu merci.

Le salaire d'un médecin ne me fait clairement pas rêver non plus quand on voit le nombre d'heures de certains professionnels de la santé. Ramené au taux horaire net, je doute réellement que le revenu soit si important que ça (hors certaines spécialités très lucratives bien sûr). Gagner 50% de plus, c'est bien. Sauf si on travaille 100% de plus pour les obtenir. Il est très important de toujours raisonner en taux horaire net.

De plus, c'est encore la même chose. Le salaire d'un médecin est corrélé aux nombres d'heures qu'il va passer dans son cabinet. Il est presque impossible de créer des systèmes qui tournent tout seul sans que l'on soit là. On peut avoir un cabinet et une clientèle qu'on loue à plusieurs professionnels de la santé sur lesquels on va prélever une partie du chiffre d'affaires ou encore on peut ouvrir une clinique pour décupler les résultats financiers mais cela ressemble déjà plus à une tâche d'entrepreneur ou d'investisseur.

La sécurité de l'emploi est également une illusion comme on l'a vu précédemment dans ce livre même si le corps médical est, il faut l'admettre, une exception à tout ce qu'on a pu dire avant. Il y aura, selon moi, toujours un vrai besoin de professionnels de la santé. Toutefois, c'est un milieu qui bouge beaucoup et est en pleine expansion car de nombreux robots effectuent désormais des opérations seuls. Ces derniers sont très précis, bien plus qu'un humain.

Comme toute nouvelle chose, les prix sont encore très chers pour le moment mais les résultats sont époustouflants.

Nous n'allons pas nous attarder sur ce sujet mais le marché de la robotique chirurgicale se chiffre déjà en milliards et c'est une industrie qui se développe vite ce qui signifie que les prix vont avoir tendance à baisser car il y aura plus de concurrence et il y aura donc plus d'accessibilité pour les hôpitaux.

Pas dit que des métiers hautement valorisés aujourd'hui comme celui de chirurgien soit moins côté dans le futur avec l'intervention des robots...

La sécurité de l'emploi peut-elle aussi toucher le milieu médical à cause des robots ? Peut-être...

Mener de front mes études de médecine et mes activités entrepreneuriales aurait été plus que contre-productif. Qui selon vous aura le plus de résultats qualitatifs entre une personne qui est focus à 100% sur une seule activité ou une personne qui est à 50% sur deux activités ? La première personne, nul ne va s'en dire.

— *Se libérer du temps et s'enrichir, oui, mais pourquoi ?* —

Faire le choix d'avoir le temps nécessaire devant nous pour faire ce qu'on veut et faire le choix de générer des revenus de manière quasi-automatique qui viennent inonder notre compte en banque, c'est bien mais à quoi ça sert ?

Parce qu'on a beau avoir tout le temps et tout l'argent du monde, sans but derrière tout ça, il n'y a que de l'ennui et de la tristesse.

Le but n'est pas de devenir immensément riche sans n'avoir

rien à faire et au point de s'ennuyer toute la journée à se dire : « *Je suis riche, j'ai énormément de temps libre mais je me fais chier et je suis triste, il n'y a aucun sens à ma vie.* ». Ça serait quand même bien triste.

Encore une fois, la santé, c'est le travail et il faut toujours avoir des projets et des tâches à accomplir. L'être humain a besoin de ça pour se sentir vivre et s'accomplir.

Abraham Maslow l'a d'ailleurs très bien démontré dans sa très célèbre pyramide des besoins que voici ci-dessous.

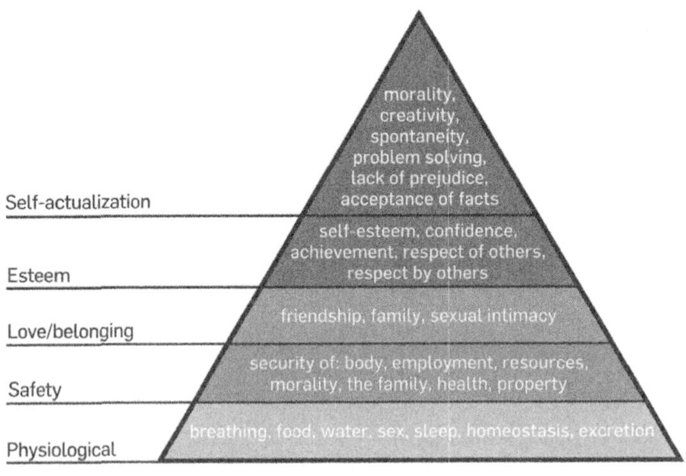

Nous commençons, tous, en bas de cette pyramide et dès que nous avons « validé » un niveau, on veut systématiquement passer au niveau suivant et le valider également jusqu'à arriver en haut de la pyramide.

Nous avons tous besoin du premier bloc de cette pyramide qui représente les besoins physiologiques comme l'eau, la nourriture, le sommeil, le bon fonctionnement du corps humain, les rapports sexuels…

Ensuite vient le second bloc avec le besoin de sécurité que ce soit au niveau de son habitation, de la sécurité financière, le bien être de sa famille… Tout ce qui va permettre d'avoir un environnement stable et qui va être bousculé le plus faiblement possible.

Le troisième bloc représente le besoin général d'être aimé et de ressentir de l'affection auprès de sa famille, de ses amis et de sa relation privée.

L'avant-dernier bloc touche à tout ce qui concerne l'estime personnelle. On veut avoir confiance en soi, on veut que les autres nous respectent, on veut que les autres nous reconnaissent pour qui on est ou ce qu'on a. Ce sont déjà là des besoins qui sont un peu moins primaires que les premiers blocs de la pyramide.

Le cinquième et dernier bloc de la pyramide des besoins concerne l'accomplissement de soi. On veut se rendre utile auprès des gens que ce soit en faisant des dons, en rejoignant une association ou en aidant une communauté par exemple.

On comprend donc, lorsqu'on a atteint une sécurité financière en bâtissant différents projets (immobilier, entreprise, etc.) et qu'on s'est libéré du temps en automatisant tout ça, qu'on a normalement et naturellement vite rempli les quatre premiers blocs de cette pyramide.

On a donc envie de s'accomplir dans le dernier bloc de cette pyramide. On ne devient pas riche ou on ne se libère pas du temps uniquement pour notre propre plaisir personnel. C'est aussi parce qu'on a envie de rendre heureux les gens de notre entourage, ce qui nous permettra de toucher du doigt ce sentiment d'accomplissement.

On va pouvoir redistribuer notre temps et notre argent de manière différente.

Certains vont octroyer ce temps à bâtir d'autres projets et à toujours créer plus de valeurs pour les gens. Ils vont investir dans d'autres logements pour loger toujours plus de gens. Ils vont créer d'autres sociétés et aider encore plus de gens dans une industrie bien particulière.

D'autres vont voyager et dépenser de l'argent permettant à l'économie de tourner et de se développer car il faut que l'argent tourne pour qu'une économie soit prospère.

D'autres vont s'impliquer dans des projets associatifs et venir en aide aux plus démunis lors de missions humanitaires.

D'autres vont réaliser des accomplissements personnels comme faire un tour du monde en voilier ou partir en sac à dos à l'autre bout du monde.

D'autres vont aider des débutants à faire ce qu'ils ont fait et vont transmettre leur savoir.

On a tous quelque chose à apporter aux autres. Même vous. Même un enfant qui va apprendre à son camarade comment nouer ses lacets. Ne sous-estimez jamais votre potentiel à ce propos.

Je connais des personnes qui me disent qu'elles ne veulent pas venir à des séminaires ou des networkings car elles n'ont rien à apprendre aux autres selon elles et qu'elles ne vont faire que « pomper » des informations.

Elles se trompent, rappelez-vous qu'on a tous quelque chose à apprendre aux autres donc pointez-vous à ces différents événements.

Pour ma part, j'aime beaucoup investir en tant que business angel dans de jeunes start-up prometteuses et poser un billet sur la table afin de les aider à se développer et à créer toujours plus de valeur pour le monde afin que ce dernier soit meilleur.

J'aime beaucoup faire ceci dans le milieu médical car c'est un milieu qui me tient à cœur. Non pas sur le terrain en tenant le stéthoscope autour du cou ou la seringue entre les doigts mais en amont en permettant à de jeunes entreprises dans le domaine médical de se développer.

J'aimerais également continuer à me rendre dans le plus de pays possible et vivre des expériences uniques.

J'ai également pour objectif de participer à des missions humanitaires et d'allouer des fonds pour rendre la vie plus belle de personnes plus pauvres et malheureuses que moi.

Voilà à quoi peut servir votre temps et votre argent une fois que vous en avez trop et plus que nécessaire pour vivre correctement.

Recevoir de la reconnaissance du fond du cœur de personnes qu'on a pu aider, il n'y a rien de plus beau et de plus simple.

On a tous déjà, et je l'espère pour vous, ressenti ce sentiment où le simple plaisir d'avoir aidé quelqu'un vous a rempli de bonheur.

Désolé mais je n'y crois plus

« L'éducation formelle vous aidera à vous faire une vie. L'auto-éducation vous aidera à faire fortune. »

Jim Rohn

Je ne crois plus en ce qu'on a voulu me montrer comme étant le chemin normal à suivre.

Je ne crois plus en l'éducation supérieure.
Je ne crois plus à la rat race et au salariat.
Je ne crois plus à la retraite.

L'école tue aujourd'hui beaucoup d'aspirants entrepreneurs car elle pousse tous les étudiants dans le schéma du salariat sans leur montrer les possibilités que pourraient leur apporter l'entreprenariat. L'école est un poison pour toutes les personnes qui ont une fibre entrepreneuriale qui reste enfouie au fond d'eux et qu'on ne tente pas d'exploiter ou de faire ressortir. L'école ne montre qu'une voie et pas forcément la meilleure pour tout le monde.

En effet, je suis intimement convaincu aujourd'hui qu'un bagage scolaire n'est pas nécessaire pour celui qui veut entreprendre et travailler par et pour lui-même. Laissez-moi éclaircir mes dires car je sais que cela a tendance à en faire bondir plus d'un quand je dis ceci.

Quand je dis que je ne crois plus à l'éducation supérieure. C'est bien évidemment à destination de tous ceux qui veulent entreprendre et être leur propre patron.

Si votre volonté est d'être salarié, je vous recommande très fortement l'éducation supérieure.

Mais, par pitié, ne pensez pas que faire une école de commerce vous permettra de vous former efficacement à l'entreprenariat et au milieu des affaires.

J'avais d'ailleurs réalisé une vidéo sur ma chaîne Youtube dans laquelle je « descendais » les écoles de commerce en disant que ça ne servait à rien (toujours pour ceux qui veulent entreprendre).

Je pense que le monde connaît aujourd'hui des changements majeurs et je pense que le diplôme n'a plus la valeur qu'on pouvait lui apporter auparavant.

Les écoles supérieures payantes sont un vrai business et elles ne vous aideront sûrement pas à vous apprendre comment construire votre business.

A l'heure de l'ère industrielle, le diplôme était une évidence et il était valorisé. C'était un prérequis obligatoire pour trouver un travail. Cette ère est en train de s'effacer pour laisser place à l'ère de l'information avec l'émergence d'Internet.

Internet est un carrefour incroyable et ultra-puissant permettant d'obtenir ce qu'on veut, quand on veut. Il est aujourd'hui très facile d'accéder à n'importe quelle information ou de contacter n'importe quelle personne, il suffit de quelques clics.

L'histoire de ce champion du monde, Julius Yego, est très inspirante. C'est un kényan qui est devenu champion du monde au lancer de javelot lors des mondiaux de Pékin en 2015. Et devinez-quoi ? Il a tout appris grâce à Youtube. Il regardait des vidéos puis il lançait des bâtons et des pierres au village pendant que ses camarades jouaient à cache-cache et alors que le sport de prédilection au Kenya reste la course.

L'ère de l'information permet des choses incroyables. Elle permet de devenir millionnaire comme de devenir champion du monde. Elle permet tout et je pèse mes mots. Peu importe la chose que vous souhaitez réaliser ou faire, bien ou mal, vous pouvez le faire grâce à l'ère de l'information.

Le diplôme n'est plus aujourd'hui une garantie d'avoir un travail. Ça, c'est ce qui marchait dans le passé. Beaucoup d'écoles de commerce sont encore restées dans le passé en dispensant des enseignements conçus pour cette ère industrielle et donc non adaptés. Beaucoup de cours et de professeurs ne sont pas à jour sans parler de nombreux termes, stratégies commerciales et marketings qui ne sont clairement pas abordés.

A l'heure d'aujourd'hui, le monde change à une vitesse folle. Le marketing et la façon de toucher le consommateur final ont également énormément changé.

Beaucoup de professeurs savent, sur le papier, comment créer une entreprise mais n'en n'ont jamais créé eux-mêmes.

L'école ressemble beaucoup, à mon goût, à une usine de production de diplômés, dont certains, et c'est le cas de certains de mes amis, seront bien endettés à la fin de leur cursus. Je trouve ça dommage de commencer la vie avec 40 000€ ou 50 000€ à rembourser, il y a mieux…

Ils n'auront aucun autre choix que celui de rejoindre le marché du travail pour rembourser cette dette comme on leur a enseigné depuis le plus jeune âge : « *Travaille bien à l'école et tu auras un bon travail, tu gagneras de l'argent et tu seras heureux* ». Qui n'a jamais entendu ça dans sa vie en France ?

Ça me rappelle un reportage que je voyais sur la dette étudiante aux Etats-Unis où, dans ce pays, ça atteint des niveaux incroyables.

Un étudiant qui voulait devenir avocat disait qu'il devrait travailler jusqu'à ses quarante ans dans une boucherie pour pouvoir rembourser son putain de prêt étudiant. Quarante ans, ce n'est pas censé être l'âge où on atteint le sommet de sa carrière ? Pour lui, ça ne sera que le début.

Il commencera, à quarante ans, à toucher ses premiers euros sans avoir de dette à rembourser à côté. Même si il est fort probable qu'il aura un prêt immobilier pour la maison et un prêt à la consommation pour la voiture à côté. Un vrai cercle vicieux et une vraie prison…

J'aurais clairement le sentiment qu'on me vole ma vie et je ne pourrais l'accepter.

On nous enseigne qu'il faut atteindre la sécurité et que celle-ci serait atteignable par un diplôme. Comme si en obtenir un serait synonyme de réussite professionnelle.

> « *Si j'ai un diplôme alors j'aurais un bon travail et du succès professionnel.* ».

C'est comme si on disait : « *Tous les possesseurs de Ferrari (le diplôme) sont millionnaires (succès professionnel) donc si j'achète une Ferrari (le diplôme), je serais millionnaire (succès professionnel).* ».

Ça vous paraît complètement débile, non ? On peut très bien devenir millionnaire sans avoir de Ferrari tout comme on peut très bien avoir du succès professionnel sans avoir de diplômes. Il n'y a aucune corrélation entre les deux.

Au fond de moi, je me demande vraiment ce que veulent tous ces gens. Sont-ils là parce qu'on leur a dit d'aller là et qu'on leur a dit que c'était la normalité ? Sont-ils là parce qu'ils pensent qu'entreprendre est trop risqué, trop contraignant ou trop difficile ? Est-ce qu'ils ont peur ? Ou veulent-ils vraiment être salariés toute leur vie et rester enfermés dans une cage ?

Qui peut se mettre à rêver de ce genre de vie ? Etudier dur puis travailler dur pour rembourser des dettes qu'on a accumulé tout en se faisant voler les meilleures années de notre vie ?

C'est quand on est jeune qu'il faut profiter de la vie, pas quand on commence à prendre de l'âge. La vie n'a plus la même saveur en fonction de l'âge et moi, je veux goûter toutes les saveurs de la vie.

De plus, à l'école et durant les études supérieures, on veut toujours nous apprendre un tas de choses inutiles qu'on ne ressortira jamais de notre vie et qu'on aura oublié un mois après les examens.

Je suis sûr que vous vous êtes tous déjà dit ça au moins une fois durant vos études (surtout pendant les cours de maths, avouez-le).

Quand je regarde, de temps en temps, ce qu'apprennent mes amis qui sont encore étudiants ou les devoirs qu'on leur donne, je me dis : « *Mais oh mon Dieu, c'est quoi cette merde ?! A quoi ça sert ?!* ». C'est très loin d'être pragmatique. C'est vraiment histoire de remplir le programme et l'année pour avoir des questions à poser aux partiels.

Personnellement, pour mes business, je n'apprends que ce que j'ai besoin d'apprendre, pas plus. Il faut bien sur avoir les bases en comptabilité, en fiscalité, en gestion, etc. mais il est inutile de vouloir tout maîtriser sinon on ne fera jamais rien.

Lorsque j'ai un problème ou une notion que je ne comprends pas, je fais mes recherches et j'apprends ce qu'il faut apprendre afin de résoudre ce problème et je passe à l'étape suivante et c'est largement suffisant. Ou alors je peux faire le choix de consulter des experts dans leurs domaines ou de déléguer la tâche à quelqu'un qui a la compétence.

Au final, je connais plein de choses dans plein de domaines différents sans n'avoir eu à suivre des cours trop complets dans tous ces domaines. Et heureusement sinon je serais encore au point mort au moment où j'écris ces lignes.

J'ai souvent entendu des étudiants faire des écoles de commerce qui viennent me parler et qui me disent qu'ils n'ont jamais appris autant que lorsqu'ils sont réellement passés à l'action et qu'ils étaient présents sur le terrain.

Ils me disent qu'ils sont dégoûtés d'avoir suivi des cours d'école de commerce qui étaient d'une inutilité complète pour la vraie vie lorsqu'on souhaite monter sa propre entreprise. Ils m'avouent que le contenu dispensé en cours est totalement inutile pour monter son propre business.

Et j'ai envie de dire : on n'apprend pas à nager dans un livre. La seule façon d'apprendre de manière efficace et le plus rapidement possible, c'est de sauter dans le grand bain tout de suite. La pratique est bien plus enrichissante que la théorie.

Je crois que l'école de commerce obtient la palme d'or dans la catégorie d'inutilité du cursus (toujours dans l'objectif d'entreprendre et de créer sa propre entreprise).

Ce sont de véritables pompes à fric et c'est un réel business pour leurs propriétaires.

Ces écoles ont, elles, très bien compris comment fonctionnait le marketing aujourd'hui dans notre ère et elles le manient à la perfection. Les notions de valeur perçue, d'offre irrésistible, de rareté, de preuve sociale seraient presque parfaitement maniées.

Je connais plusieurs personnes qui font des écoles de commerce. Certaines m'en parlent et reconnaissent qu'elles n'apprennent rien ou n'ont rien appris et que les écoles de commerce ne sont pas faites pour les entrepreneurs.

Certains en sont satisfaits car ils souhaitent justement devenir salarié d'une grande entreprise française.

Et il y a ceux qui s'obstinent à croire qu'ils sont dans le bon chemin et qu'ils seront « bien » dans le futur. J'ai souvent entendu : « *Oui, c'est un peu galère là pour sortir, niveau argent, ce n'est pas trop ça, j'ai un prêt étudiant à rembourser mais plus tard, je serais bien, j'aurais de l'argent, je ferais ça et ça.* ».

Ils sont certains d'être au bon endroit, d'être rentré dans un réseau de gens qui vont tous réussir et ils en deviennent arrogants pensant qu'ils vont bâtir une entreprise au succès resplendissant immédiatement après leurs études alors qu'ils sont justement en train de perdre un temps fou avec leurs études et surtout beaucoup d'argent !

L'argument du réseau me fait souvent rire. Le réseau, on ne l'achète pas, on le construit. Du moins, pour un réseau de qualité.

Quand j'entends des étudiants dire : « *Oui mais moi là le gars qui est trop riche et qui est à la tête de l'entreprise bidule chouette, bah il a fait mon école et il vient nous faire des conférences des fois et on a un contact privilégié avec lui pour plus tard parce qu'il a fait notre école, nah nah nah.* ».

Bullshit. Ce mec n'en a rien à faire de vous tout comme il n'en a rien à faire de tous les autres étudiants. Vous n'avez nullement réellement accès à lui.

Un réseau de qualité, ça se construit sur le long terme, il n'y a pas de secret. Un réseau, ce sont des relations, ce sont beaucoup de temps et d'échanges, ce sont des recommandations d'une personne à une autre. C'est un peu de hasard, un peu de chance et un peu de culot. Mais ce n'est sûrement pas une adhésion à une école de commerce.

Je connais aujourd'hui beaucoup d'investisseurs et entrepreneurs partout en France, en Europe et même dans le monde. Ce réseau s'est construit relation après relation, email après email, café après café. Il n'y a pas de magie et tout le monde peut se construire un réseau de qualité avec de la détermination et de la volonté.

Certains étudiants cultivent même une illusion d'une récompense qui leur est méritée parce qu'ils sont allés dans une école de commerce, ils pensent que l'argent va tomber du ciel pour la simple raison d'avoir fait ce cursus.

Quand on voit le fonctionnement de ces écoles, on a parfois vraiment le sentiment d'acheter le diplôme. Rater un partiel n'a rien d'inquiétant puisque vous pouvez payer pour le repasser et ne pas redoubler…

Le diplôme a subitement une belle valeur intrinsèque quand on est au courant de ce genre de pratiques.

D'ailleurs, pourquoi on devrait prouver par un diplôme ce qu'on sait ? Perso, je préfère montrer des résultats plutôt qu'un prétendu diplôme indiquant ce que je suis potentiellement en mesure de faire. Alors bien sûr, une fois de plus, si votre but est d'être salarié, votre diplôme sera votre outil le plus précieux.

En tant qu'entrepreneur et investisseur, on s'en fout, on sait ce qu'on vaut et on connaît notre valeur intrinsèque.

Un banquier ou partenaire d'affaires ne nous demanderont jamais notre relevé de notes, ils voudront voir le cash. Ils voudront qu'on parle chiffres d'affaires, marges commerciales et résultat net, le reste, c'est de la merde.

Si demain, dans le pire des scénarios, je devais me faire employer (ce qui n'arrivera jamais). Je ferais un CV n'affichant aucun diplôme hormis le bac mais je montrerais tout ce que j'ai pu construire en terme de business. Et là, ça parlera forcément plus qu'un prétendu diplôme si je suis en face de la bonne personne (encore faut-il la trouver avec la mentalité française).

S'endetter pour un diplôme est définitivement une mauvaise idée. Un diplôme n'est pas un actif, c'est un très gros passif.

Une étude réalisée auprès de 210 000 jeunes en France, âgés de 18 à 34 ans, révèle que 45% des jeunes estiment que leur vie sera pire que celle de leurs parents... C'est près d'un jeune sur deux et ce serait bien là un pas en arrière si ces jeunes avaient une vie moins bien que celles de leurs parents alors qu'on a été habitué au progrès depuis les dernières décennies.

La majorité des gens sont encore bloqués dans le schéma classique de l'ère industrielle où il est communément admis qu'on arrête d'apprendre une fois qu'on sort de l'école et qu'on a eu son diplôme.

Sauf que dans le monde dans lequel nous sommes en train d'évoluer, ce mode de pensée est complètement désuet. Le monde change à une vitesse folle, il est parfois très difficile de s'adapter et les compétences d'aujourd'hui ne seront qu'un lointain souvenir de celles de demain. Beaucoup de tâches sont automatisées par des machines et beaucoup de métiers tendent à disparaître comme celui de comptable.

Qui sait mieux compter et fait le moins d'erreurs entre une machine et un être humain ? Sans hésitation, la machine. Calculer, c'est ce qu'elles savent faire de mieux.

On voit d'ailleurs de plus en plus d'outils en ligne pour par exemple télé-déclarer sa liasse fiscale immobilière, tout seul, sans avoir à rencontrer un comptable et trimballer des tas de classeurs. L'outil arrive à gérer les amortissements du bien immobilier, c'est assez fou et c'est sans vous dire que le prix de cet outil ferait pâlir plus d'un comptable...

Une statistique évoque d'ailleurs le fait que 47% des métiers seront remplacés d'ici 2035 par de l'intelligence artificielle, qu'est-ce que ça vous fait de lire ça ?

Presque un métier sur deux...

Dans un monde qui change si vite, on comprend très bien l'importance de :

- Soit prendre avantage de cette intelligence artificielle et des machines en créant des systèmes qui travaillent tout seul, sans la nécessité de votre présence comme avec un business en ligne.

- D'investir dans des actifs et se constituer un patrimoine qu'il soit immobilier ou boursier.

Ce qui est sûr, c'est que ne dépendre que d'une seule source de revenus est déjà dangereux (peu importe ce qu'est cette source de revenus) mais dépendre d'une seule source de revenu issue d'un travail salarié est carrément suicidaire. Comme on vient de le voir, les compétences changent très vite et la robotisation est omniprésente, sans compter sur la mondialisation qui permet aussi de déléguer beaucoup de tâches à bas coût.

Et sans oublier, bien sûr, l'inexistence de votre retraite pour vos vieux jours (ne me dites pas que vous pensiez en avoir une ?!).

Et d'ailleurs, pourquoi l'Etat et par extension les actifs de ce pays, seraient redevable envers vous et devraient vous verser une retraite pour vos vieux jours ?

Pourquoi les gens ne sont pas autonomes et pensent que tout leur est dû ?

> Pourquoi les gens ne veulent pas penser à leurs vieux jours le plus tôt possible et ne mettent pas en place des actions pour générer des revenus issus du patrimoine ?
>
> Pourquoi les gens ne veulent pas compter que sur leur patrimoine pour vivre leur vie de retraité et attendent trop, voire tout, des aides sociales réservées aux retraités ?

C'est un long débat mais je ne compterais jamais sur la retraite, ni sur l'aide de quoi ou de qui que ce soit. Tout ce que je toucherais proviendra de mes propres actions, de mes propres investissements et placements. Ma rente, je vais me la constituer moi-même et elle sera bien supérieure à ce qu'on aurait pu me promettre pour mes vieux jours.

Quand je vois ce que certaines personnes âgées touchent pour leurs vieux jours. Cela doit être un vrai enfer au quotidien et cela est presque assimilable à de la survie.

Malheureusement, c'est encore ce qui est enseigné à l'école : fait des études, obtient ton diplôme et essaie de décrocher un bon poste. La crise, on n'y peut rien, c'est comme ça, si ça doit arriver, ça arrivera. Toi, tu auras fait ce qu'il fallait faire.

Ce chapitre n'a pas été le plus facile à écrire, si ce n'est le plus dur. Il est délicat dans ce que j'y aborde et dénonce. C'est compliqué de vraiment transmettre dans sa globalité ce que je pense de tout ça. J'espère, en tout cas, vous avoir interpellé sur ces différents points concernant les études, le salariat et la retraite.

Tout seul, on va plus vite.
Ensemble, on va plus loin.

« *When you stop learning, you stop growing.* »

Je dis toujours que ce qui m'a permis de « réussir », en toute modestie, ce sont les gens que j'ai pu rencontrer et les formations que j'ai pu suivre. Seul, le chemin est vraiment très difficile voir impraticable. Vous devez vous former et surtout vous constituer une équipe de battants, une équipe là pour vous.

Je dis toujours que ce n'est pas tant ce qu'on connaît qui nous fait réussir mais aussi et surtout qui on connaît…

Aujourd'hui, si j'ai une question en immobilier ou en bourse, si j'ai un problème technique sur un site ou quoi que ce soit d'autre, je sais tout de suite qui appeler dans mon répertoire. Ce réseau ne s'est pas bâti tout seul mais c'est aujourd'hui une vraie force.

J'ai dépensé plusieurs dizaines de milliers d'euros à me former en France et à l'étranger, que ce soit dans des séminaires, des congrès, des networkings, des masterminds, des restaurants entre investisseurs, des apéros et directement auprès d'entrepreneurs et investisseurs aux Etats-Unis et en Angleterre et c'est un choix que je ne regretterais pour rien au monde.

Les gens que j'ai rencontré dans ces événements m'ont tous apporté quelque chose et j'y ai appris énormément. Il suffit parfois d'une phrase ou d'une idée pour prolonger la croissance de son business.

Je me suis aujourd'hui bâti une équipe en or qui travaille avec moi et c'est un vrai plaisir et un réel soulagement de pouvoir déléguer une partie du travail.

En passant par des gestionnaires en France, une équipe d'artisans en France, un comptable en France, une équipe de designers aux Etats-Unis, en Suisse, au Pakistan, en Inde, au Sri Lanka et en Roumanie, un graphiste en Israël, une équipe de traducteurs au Venezuela, une équipe de transcripteurs à Madagascar, un assistant en Inde, des fournisseurs en Chine, on peut dire que l'équipe commence déjà à être belle (et efficace bien sûr) !

> L'union fait la force et vous avez sûrement déjà entendu la phrase suivante : « *Nous sommes la moyenne des cinq personnes que nous côtoyons le plus.* ».

C'est à dire que si vous ne traînez qu'avec des millionnaires, il y a de fortes chances que vous deveniez vous aussi un millionnaire.

Si vous ne traînez qu'avec des gros ou des gens qui ont une mauvaise alimentation alors il y a de fortes chances pour que vous deveniez vous aussi obèse ou que vous ayez des problèmes de santé.

Il y a une sorte d'effet miroir et on finit par adopter les habitudes, bonnes ou mauvaises, des gens avec qui on traîne au quotidien ou régulièrement.

C'est la raison pour laquelle un tri naturel ou volontaire s'opère généralement chez les personnes qui commencent à entreprendre. On se met à spliter (diviser) nos connaissances en plusieurs groupes avec une fréquence de rencontre différente.

> On supprime certaines personnes de nos vies sur Facebook et dans la vraie vie.

On va se mettre à voir plus régulièrement nos amis qui nous tirent vers le haut et à voir un peu moins souvent, sans pour autant s'éclater moins, nos amis qui sont un peu plus pessimistes sur la vie, la société et l'avenir ou on côtoie moins ceux qui fument ou qui boivent tous les jours…

Cela peut paraître brutal quand je l'écris comme ça mais il ne faut pas que ça le soit. Clairement, il faut savoir faire la différence. Tout dépend si vous êtes facilement influençable ou pas et si vous savez dire non.

Je n'ai pas arrêté par exemple de voir mes amis qui ne sont pas du tout entrepreneurs et qui se prédestinent à une vie de rat race (peut-être qu'ils changeront d'avis après avoir goûté au salariat).

Ça ne m'empêche pas de passer de très bonnes soirées avec eux, à faire plein de conneries et à boire. Il ne faut pas devenir rigide au point de ne réfléchir que de manière sérieuse. C'est l'ennui assuré sinon et vous allez dégager une image de personne ennuyeuse au passage… Je ne pense pas que ce soit ce que vous recherchez.

Toutefois, je n'hésite pas à dire non à une pendaison de crémaillère d'un très bon pote si je dois me rendre à un séminaire important un week-end ou si je dois aller rencontrer une personne clé pour mon business.

On peut s'éclater dans nos projets entrepreneuriaux, on peut se bâtir un réseau de personnes positives et influentes mais il ne faut pas pour autant devenir quelqu'un de hautain et qui ne parle plus aux gens qui ne pensent pas comme nous.

Au contraire, la diversité d'état d'esprit est enrichissante et j'aime d'ailleurs beaucoup m'entourer de personnes qui ne me ressemblent pas, c'est parfois un gros pourvoyeur d'idées car la perspective des choses n'est pas vue de la même façon par tout le monde.

Rester seul ou uniquement entouré de gens dans le même mindset et/ou dans le même domaine que vous n'est pas toujours la chose la plus prolifique. Les personnes qui n'ont totalement rien à voir avec ce que vous faites peuvent parfois apporter un regard neuf à vos affaires et vous suggérer des possibilités que vous n'aviez pas vu.

Une étude du professeur Scott E. Page de l'Université du Michigan aux Etats-Unis a prouvé, après 20 ans d'études, que si on mettait une salle A remplie de médecins et une salle B remplie de gens de domaines différents alors l'intelligence de la salle B sera supérieure à l'intelligence de la salle A et cela même si l'intelligence isolée de chaque médecin est supérieure.

C'est ce phénomène d'homogénéité de n'avoir QUE des médecins dans la salle qui a empêché l'intelligence collective de se développer. La diversité est donc très importante et cela n'est pas vrai que dans les affaires selon moi.

— *Comment se former de manière efficace et rencontrer des gens positifs ?* —

C'est une très bonne question. On me demande souvent lorsque j'échange avec différentes personnes en séminaire : « *Mais comment tu as appris tout ça ?! Tu as fait des études ?* ».

Je réponds tout simplement à ces personnes-là que je me suis formé « sur le tas » en apprenant ce que j'avais besoin d'apprendre. Step by step. Un problème ? On cherche la solution, on implémente et on avance. Un autre problème ? On recommence le processus.

De cette façon, on apprend uniquement ce dont on a besoin et on ne perd pas de temps à apprendre plein de choses inutiles (comme dans les études). Chose que je reprochais justement dans le chapitre en rapport avec la décroissance de l'intérêt pour le diplôme et des études où on a tendance à apprendre tout un tas de choses inutiles pour au final ne se servir que de 1% des ressources acquises…

Au final, tout ce que je sais et tout ce que j'ai appris pourrait certainement valoir un diplôme et ma self-éducation, avec les résultats que ça a entraîné, pourrait largement être valorisée sur un CV.

> Alors comment trouver toutes ces informations justement ?

Pour moi, il y a quatre sources principales que je vais classer par ordre croissant de qualité :

- Google
- Formations spécialisées
- Networking
- Invitation privée

#Google

Google est très puissant et on peut trouver à peu près

tout sur ce dernier. Justement. A peu près tout… et n'importe quoi. C'est la raison pour laquelle c'est un très bon levier d'apprentissage mais il faut avoir un esprit critique et savoir décortiquer le vrai du faux, ce qui n'est pas forcément évident quand on est encore débutant.

Si on prend l'exemple de l'investissement immobilier, vous allez un coup tomber sur quelqu'un qui va vous dire qu'il vit de ses revenus immobiliers et quelques clics plus tard, vous allez tomber sur une personne qui va vous dire que l'immobilier est similaire à la peste en France et qu'il est impossible de gagner de l'argent au travers de cette industrie.

Ou vous allez tomber sur un site prônant tous les intérêts de l'immobilier neuf et trois clics plus tard, tomber sur une autre personne vous disant qu'il ne jure que par l'ancien.

Qui croire quand on est débutant ? Difficile. On se fait retourner le cerveau dans tous les sens.

Google est donc un outil intéressant mais à nuancer.

#Les formations spécialisées

Ensuite vient les formations spécialisées sur un sujet particulier. Elles sont bien souvent dispensées par des entrepreneurs et investisseurs privés qui ont, eux-mêmes, appliqués ces stratégies et qui font désormais du consulting.

Le contenu est donc issu d'une expérience de terrain et très riche. C'est un très gros raccourci que vous prenez qui vous fera gagner bien plus d'argent que ce que vous avez pu payer (si la formation est bonne). Il vous fera aussi gagner beaucoup de temps et on sait tous que le temps, c'est de l'argent.

Evitez les formations dispensées par des organismes professionnels et préférez les formations issues d'entrepreneurs et investisseurs privés, elles sont bien souvent plus qualitatives et sans arrière-pensée commerciale.

Les entrepreneurs et investisseurs privés auront bien souvent l'avantage d'être plus accessibles et vous donneront souvent accès à un carnet d'adresses, notamment en rassemblant dans un même groupe tous les membres d'une même formation pour qu'ils puissent échanger entre eux (et on connaît tous l'importance du réseau).

#Networking

Ensuite, je considère les sessions de networking comme étant encore plus enrichissantes. Il s'agit, en général, de soirées, de 19h à 00h-1h, où sont réunis dans un même endroit différents entrepreneurs et investisseurs qui n'ont que pour seul et unique but d'échanger ce qu'ils savent.

Vous allez donc pouvoir rencontrer des investisseurs immobiliers ou boursiers, des infopreneurs (entrepreneurs sur Internet), des business angels…

Je juge cette source comme étant très qualitative car les informations sont données en « brut de décoffrage ». Sur Internet, il peut y avoir une certaine retenue à donner publiquement certaines stratégies un peu borderline ou alors certains investisseurs et entrepreneurs ne sont pas du tout actifs sur Internet pour une question de préférence et favorisent l'échange de personne à personne dans la vraie vie.

Il y a également une bienveillance dans l'atmosphère qui fait que personne ne juge ce que vous allez dire car nous sommes tous là pour la même raison et avec le même objectif : développer des revenus passifs, investir, être en croissance, apprendre, faire de l'argent…

Vous devez être présents à ces événements et vous m'y croiserez sûrement car je suis souvent présent à ce type de soirées sur Paris.

Pour être au courant de ce type de soirées, n'hésitez pas à me suivre sur ma page Facebook (*https://www.facebook.com/clubmillionnaire1*) car c'est sur celle-ci que je communique sur les différents événements où je suis présent.

J'organise, personnellement, des petits « apéros ClubMillionnaire » lorsque je suis en visite dans des villes de France afin de tous vous rencontrer et de parler business. Ça se passe également sur ma page Facebook et j'espère pouvoir vous rencontrer un jour directement dans votre ville.

#Invitation privée

Pour terminer, la façon d'avoir le plus de conseils spécifiques et de qualité reste d'inviter son mentor, ou quelqu'un qui vous inspire et qui a les résultats que vous souhaiteriez avoir, dans un –très- bon restaurant.

On est tous débordés et on a tous 24 heures dans une journée. Les personnes qui ont un peu de succès sont souvent sur-sollicitées de tous les côtés par des personnes qui souhaitent en savoir plus et qui veulent avoir des conseils.

C'est super gratifiant et on a envie d'aider tout le monde mais il est malheureusement impossible d'apporter des réponses précises et détaillées à tout le monde car cela prendrait beaucoup trop de temps et on ne ferait que ça, d'autant plus qu'il est plus important de prioriser ses clients et cela prend également du temps.

La meilleure façon d'opérer reste d'avoir une approche différente de la masse afin de faire en sorte que cette personne accepte votre invitation.

Peu importe que cela puisse vous coûter 500€ pour l'inviter dans un restaurant gastronomique ou que ça vous coûte 150€ pour l'inviter à boire une bonne bouteille dans un bar chic, pensez à ce que vous allez pouvoir retirer de cette entrevue. Beaucoup !

La personne répondra uniquement à vous et apportera toutes les réponses à vos questions. Armez-vous d'un bon carnet de notes. La personne que vous allez inviter se rappellera en plus de vous car vous serez sorti du lot par rapport aux autres.

Réfléchissez. Si vous avez dépensé 500€ pour un restaurant gastronomique et que vous avez passé trois ou quatre heures, de 20h à 00h, dans ce restaurant, la personne que vous avez invitée vous a offert son temps car il y a fort à parier que son heure de travail vaut plus que 125€ (500€/4heures). C'est même certain. Elle a accepté pour l'expérience et le partage car ces gens adorent aussi partager. Mais je ne pense pas que vous auriez reçu la même réponse si vous aviez proposé la même chose dans un Flunch ou au bar PMU du coin.

En tout cas, moi, j'aurais refusé même si je n'ai rien contre ces deux établissements mais c'est juste qu'on a tellement de projets à développer et tellement de requêtes que je ne vois pas pourquoi on s'embêterait à perdre trois ou quatre heures de notre temps dans un Flunch pour répondre à une rafale de questions dans un échange à sens unique.

Bref, vous devez faire en sorte que la personne que vous invitez en retire quelque chose (une expérience sympa et/ou originale) en contrepartie du temps qu'elle va vous accorder et de toutes les questions que vous allez lui poser.

Ces quatre sources, et surtout les trois dernières, vous permettront en plus de ça de rencontrer des gens ultra-positifs qui seront prêts à vous aider, qui deviendront peut-être même des clients ou des partenaires d'affaires, si ce n'est des amis. Ce n'est donc pas à négliger.

— *Comment se constituer une équipe de winners ?* —

Connaissez-vous ce proverbe africain ?

« *Tout seul, on va plus vite. Ensemble, on va plus loin.* ».

Comme je le disais précédemment dans ce chapitre, j'ai aujourd'hui des prestataires qui travaillent pour moi sur le globe entier (Amérique du Nord, Amérique du Sud, Europe, Afrique et Asie). Et croyez-moi : quel confort.

Peut-être que vous vient aussi en tête la question qu'on me pose immédiatement dès que j'explique tout ça : « *Mais comment tu as trouvé toutes ces personnes ?!* »

Il y a certaines personnes pour lesquelles les choses se sont faites spontanément, d'autres pour lesquelles on fait appel au bouche à oreille et d'autres pour lesquelles on force un peu le destin.

Pour tout ce qui est artisans, comptables, gestionnaires, etc., cela fait bien souvent appel à votre propre réseau de connaissances ou au carnet d'adresses de vos amis ou de votre famille. C'est très important de passer par des personnes en qui vous avez confiance ou avec qui ça s'est bien passé pour votre famille ou vos amis. Là, c'est pour la partie simple, la partie française.

Pour tout ce qui concerne les prestataires à l'étranger, il ne faut pas hésiter à passer par des marketplaces qui mettent en relation des gens qui veulent travailler et des gens qui veulent embaucher.

La magie de ces marketplaces, c'est qu'on peut contacter le monde entier en quelques clics et qu'on peut bien évidemment embaucher à bas coût. Vous vous doutez bien qu'on ne paye pas de la même façon un français et un sri-lankais ou un malgache. Là non plus, nous n'allons pas parler de l'impact de la mondialisation avec ses avantages (développement d'entreprises françaises à bas coût par exemple) et de ses inconvénients (diminution de la charge de travail pour les employés en France) car cela pourrait faire l'objet d'un livre entier tant il y a de choses à dire mais la réalité est là aujourd'hui.

Une chose est sûre, c'est que si j'avais dû embaucher en France un prestataire équivalent à ce que j'ai embauché à l'étranger, je n'aurais tout simplement pas pu le faire pour une question de coûts et de marges. Je ne l'aurais pas fait en France donc autant faire travailler quelqu'un, même si il est à l'étranger. Cela permet de développer mon entreprise, de faire plus de chiffre d'affaires et de payer plus d'impôts en

France au final.

Pour trouver des prestataires, vous pouvez vous rendre sur fiverr.com ou sur upwork.com (mon préféré).

Fiverr fonctionne plus sur le mode de petites annonces : vous tapez dans le moteur de recherches ce que vous recherchez et vous voyez une liste de tous les prestataires prêts à travailler pour vous avec leur prix.

Sur Upwork, c'est différent, vous publiez une annonce avec l'objet de la mission et tous ses détails puis différents prestataires vont venir postuler avec une lettre de motivation et leur taux horaire ou leur prix fixe pour la mission. Je trouve ça plus intéressant, il suffit de bien détailler ce qu'on veut et des gens qualifiés viennent directement à vous et se « battent » pour que vous les embauchiez. Vous n'avez plus qu'à faire le tri avec le feeling de la photo, de la lettre de motivation, le prix proposé…

Petite astuce pour Upwork : n'hésitez pas à être exigeant sur ce que vous voulez dans votre annonce et surtout soyez malin car vous allez recevoir beaucoup d'offres.

A la fin de votre annonce, mettez cette phrase magique : « *Merci de postuler en commençant votre message par le mot 'kebab' [ou autre].* ».

Beaucoup de prestataires balancent des copié-collé et ne prennent pas le temps de lire votre mission. En faisant cela, vous écrémez déjà toutes les requêtes que vous allez recevoir de 30% environ.

Vous allez être en mesure de pouvoir embaucher des prestataires du monde entier que ce soit des graphistes, des designers, des assistants virtuels, des développeurs, des écrivains, des assistants financiers, des administrateurs, des experts en marketing... A peu près tout ce que vous voulez en fait.

Ces différents prestataires sont notés sur leurs précédents travaux, cela vous permet donc d'avoir une idée préalable de la qualité de ce dernier. Vous n'avez plus qu'à faire un dernier test avec eux si vous voulez et à fixer les conditions de votre partenariat.

Vous allez pouvoir commencer à vous bâtir une équipe en or. N'hésitez pas à donner des bonus en cash à vos prestataires si ils font du bon boulot, ça les motivera encore plus à bien travailler pour vous dans le futur. Ce n'est pas parce qu'ils sont déjà à un taux horaire relativement bas et qu'ils ont besoin de travailler qu'on doit gratter au maximum sur le prix. Négocier le prix de base est toutefois important car certains, sachant que vous êtes européens et français, n'hésiteront pas à vous proposer un premier prix élevé (bien que celui-ci puisse déjà vous paraître bas pour vous).

Êtes-vous un esclave des temps modernes ?

« Certaines personnes voient les choses comme elles sont et se demandent : pourquoi ? Moi, je vois les choses comme elles pourraient être et je me dis : pourquoi pas ? »

John Fitzgerald Kennedy

Vous allez perdre des amis en tant qu'entrepreneur et investisseur et très probablement la plupart des gens avec qui vous avez grandi. Vous perdrez aussi des membres de votre famille qui adoptent des croyances que vous démontez. Ces croyances que la majorité des personnes sur Terre ont défendu pendant toute leur misérable vie. Les gens ont toujours eu peur de l'inconnu et ont toujours suivi la foule sans réfléchir si cela était le bon chemin. Quand deux chemins se présentent devant nous et que tout le monde va à droite, il peut parfois être plus profitable d'aller à gauche…

Vouloir changer l'opinion de quelqu'un n'est jamais quelque chose de facile car l'être humain est quelqu'un de très léger dans la formation de ses propres convictions. Il suffit de dire à quelqu'un qu'il a tort pour que ce dernier s'obstine à croire qu'il a raison, juste pour ne pas admettre que ce qu'on lui dit est vrai et qu'il a tort…

Tout est une question d'amour propre envers soi-même que l'on veut protéger, une question de fierté, une question d'égo. L'être humain ne veut pas qu'on chamboule ce qu'il a toujours eu l'habitude de croire, il veut continuer de le ressentir comme vrai et l'idée que quelqu'un puisse venir lui dire qu'il a tort l'irrite.

Rien de valeur dans ce monde ne s'obtient sans en payer le prix. Peu importe votre rêve. Que ce soit de réaliser un grand exploit sportif, créer une entreprise à succès, rouler en Ferrari, épouser l'homme ou la femme de vos rêves, faire un tour du monde…

Rien de valeur ne s'obtient sans en payer le prix mais, ce qui est sûr, c'est que la vie récompense les gens qui passent à l'action et vite. L'immobilisme est très dangereux car on peut très vite rester englué sur place et plus on reste immobile, plus il est difficile de se remettre à avancer.

Ne réfléchissez pas trop et faites les choses, la naïveté a parfois un soupçon de bienveillance. Dans tous les cas, vous serez gagnants. Soit en achevant ce que vous souhaitiez réaliser, soit en apprenant de l'erreur que vous venez de faire.

Le risque est relatif. Trop vouloir réfléchir ne sert à rien car il y a toujours beaucoup trop de paramètres qui peuvent rentrer en compte et changer le résultat final de ce que vous espériez au début. Rappelez-vous qu'il n'y a jamais de décisions idéales, il n'y a que des décisions optimales et donc imparfaites, mais des décisions tout de même.

Pour ceux qui pensent ne pas avoir le temps de prendre en main leur vie pour une raison x ou y et qui se cherchent des excuses, lisez cette citation :

« *Si vous n'avez pas le temps de faire les choses que vous voulez faire ou que vous devez faire, vous êtes fort probablement un PUTAIN d'esclave des temps modernes.* »

Et j'en vois des dizaines et des dizaines de personnes en séminaire ou ailleurs qui me disent qu'elles veulent faire plein de choses mais qui ne les font jamais.

Le pire, c'est que ces personnes reviennent encore et toujours à ces différents événements business et répètent toujours la même chose : « *je voudrais faire ça* », « *j'ai pas eu le temps* », « *ce séminaire m'a fait me rendre compte que je fous rien* ». Putain ! Tu dis toujours la même chose, à chaque événement ! Bouge-toi !

« L'action efface le doute. Le doute efface l'action. »

Que ça plaise ou pas, une grande majeure partie de la population française est aujourd'hui esclave. Incapable de prendre en main sa vie (pas forcément que financièrement), d'allouer une partie de leur temps à l'élaboration d'une vie meilleure ou de leurs rêves, préférant à cela un moment de détente devant une émission de télé-réalité.

Je ne dis pas que l'on n'a pas le droit de s'octroyer des moments de détente, non et au contraire, je dis juste que beaucoup de français ont cette mentalité de pleurnichard alors même qu'ils ne foutent rien, par eux-mêmes, pour changer le déroulé de leurs vies.

Beaucoup trop de français sont attentistes, dans la demande comme si tout leur était dû, dans le déni de reconnaître qu'ils sont acteurs de la croissance de la France et moralisateurs en rejetant la faute sur les autres.

Personne ne vous donnera quoi que ce soit alors allez chercher ce que vous voulez dans votre vie. Constituez-vous différentes sources de revenus. Bâtissez-vous votre retraite. Investissez intelligemment dans l'immobilier. Constituez-vous un portefeuille boursier performant. Lancez votre entreprise en ligne. Encaissez-le cash. Profitez de la vie.

La vie n'est pas faite pour passer des dizaines d'années sur son lieu de travail que ce soit sur un chantier, dans sa voiture ou derrière un bureau. Le monde est tellement vaste et il y a tellement d'expériences à vivre qu'il ne suffirait déjà pas d'une vie à temps plein pour découvrir tout ça.

« *Personne ne regrette sur son lit de mort de ne pas avoir passé plus de temps au bureau...* »

Si vous n'êtes pas prêt à faire des sacrifices, vous ne réussirez pas et il faut que cela soit clair. Il faut accepter de travailler quand les autres ne le font pas pour pouvoir plus tard profiter quand les autres ne pourront pas.

Si vous êtes dans la croyance philosophique selon laquelle il faut profiter de chaque instant présent plutôt que de vouloir toujours prévoir le futur, je reste quand même entièrement d'accord avec vous. Vous devez « vous faire mal » mais vous ne devez pas oublier de profiter de chaque instant présent pour vous épanouir et également de vous récompenser pour chaque étape accomplie dans votre business (un voyage, un massage, un tea-time dans un palace parisien, un restaurant gastronomique, etc.).

Beaucoup de mes connaissances me disent : « *Mais quand est-ce que tu travailles Raph ?* ». Certains savent que je travaille beaucoup mais se demandent quand est-ce que je le fais car ils ne me voient jamais travailler mais peuvent, par contre, constater mon lifestyle sur les réseaux sociaux.

A cause de ce lifestyle affiché sur les réseaux sociaux, beaucoup qui ne me connaissent peu pensent que je suis un feignant, né riche et toujours en vacances...

La vérité, c'est que je travaille quand les autres ne le font pas mais je ne refuse jamais une invitation pour sortir.

Si on me propose quelque chose qui me plaît, il y a de fortes chances que je dise « oui » et j'arrête alors de travailler car j'ai le pouvoir de le faire, la décision m'appartient. En contrepartie, quand la majorité des gens ne travaille pas, je suis en train de le faire. Mais également, toute mon équipe travaille pour moi (vous devez acheter le temps des autres pour qu'ils bossent à votre place).

Tous les soirs de 21h à 00-1h, je travaille par exemple. Ce sont des heures non conventionnelles pour les français qui sont pour la majorité devant la télévision mais, moi, j'aime le faire au fond de mon lit avec de la musique.

Dans tous les transports, je travaille quand beaucoup ne font qu'attendre que ça se finisse, dorme ou joue à un jeu sur le téléphone. Ce sont des heures qui, accumulées, font la différence. Je suis d'ailleurs en train de terminer le manuscrit de ce livre alors que je suis dans un avion en direction de la Roumanie et les gens autour de moi sont en train de… dormir !

Le point sur lequel je veux insister, c'est que vous êtes actionnaires à 100% de vous-même, c'est à vous de décider et de faire des choix.

Toutefois, il y a des situations et décisions dans lesquelles on peut parfois se sentir un peu désarmé.

Lorsque c'est le cas, et peu importe le domaine en question, je me pose toujours cette question : « *Qu'est-ce qu'aurait fait la personne que je souhaite devenir (ou votre mentor) ?* ». Très souvent, je trouve la réponse à mon problème immédiatement, on se détache émotionnellement en imaginant ce qu'aurait fait notre mentor ou la personne qu'on est en train de vouloir devenir et c'est vite réglé, on a la solution.

Vous devriez vouloir apprendre et vous devez imiter les

réussites des autres (rien ne sert de réinventer la roue). Ecoutez les gens qui ont de l'expérience et du succès en affaires. Piochez ce qui fonctionne chez eux et appliquez-le à votre vie et servez-vous des échecs de ces personnes pour ne pas faire d'erreurs de votre côté, croyez-moi, c'est un raccourci monstre de se servir des erreurs des autres pour ne pas les reproduire soi-même.

Le petit quiz de l'indépendance financière

Pour terminer ce livre, j'aimerais vous proposer un petit quiz afin de vous permettre de vous rendre compte si vous êtes, ou pas, sur la bonne voie dans les actions que vous entreprenez au quotidien afin de devenir indépendant financièrement.

Répondez tout d'abord simplement par « Oui » ou par « Non » aux huit prochaines questions…

1. Avez-vous plusieurs sources de revenus qui viennent inonder votre compte en banque ?
   Réponse :

2. Êtes-vous payés plusieurs fois pour chacune de vos heures de travail ?
   Réponse :

3. Est-ce que votre revenu, ramené au taux horaire, est potentiellement illimité ?
   Réponse :

4. Avez-vous des revenus qui sont générés automatiquement 24 heures sur 24, que vous soyez là ou pas ?
   Réponse :

5. Contrôlez-vous ou possédez-vous ce qui génère aujourd'hui votre/vos revenus ?
   Réponse :

6. Est-ce que vos sources de revenus continueront d'inonder votre compte en banque si vous mourez demain ?
   Réponse :

7. Pouvez-vous vous octroyer une augmentation peu importe quand selon votre propre volonté ?
   Réponse :

8. Si votre source principale de revenus disparaissait, pourriez-vous survivre une année sans revenus ?
   Réponse :

Si la majorité de vos réponses se résume à des « Non » alors il y a encore beaucoup de choses à changer dans votre quotidien, vos habitudes et votre mindset. Vous ne touchez pas encore l'indépendance financière du bout des doigts. Il y a de fortes chances pour que vous soyez actuellement dans un schéma de « métro-boulot-dodo ». Vous subissez sûrement un travail qui ne vous rémunère pas à votre juste valeur et qui ne vous épanouit pas. C'est le moment de changer les choses.

Si la majorité de vos réponses se résume à des « Oui » alors félicitations. Vous avez compris qu'il fallait travailler dur pendant un certain temps pour se générer différentes sources de revenus et pour que l'argent ne soit plus un problème dans votre vie.

Pour aller plus loin

« *Si vous ne courez pas après ce que vous voulez, vous ne l'aurez jamais. Si vous ne demandez pas, la réponse sera toujours non. Si vous ne faites pas un pas en avant, vous restez toujours au même endroit.* »

Nora Roberts

Pour vous remercier d'avoir lu mon livre, je vais vous faire bénéficier d'offres exclusives. Il y a fort à parier que cette lecture vous a fortement donné l'envie d'investir dans l'immobilier, dans les marchés financiers ou de créer votre entreprise sur Internet.

Et je peux vous aider pour cela.

Rendez-vous sur *www.ClubMillionnaire.fr/cadeau-livre* pour découvrir les différentes surprises que j'ai pour vous.

N'oubliez pas également de me faire un retour sincère de ce que vous avez pensé de ce livre via un commentaire sur Amazon (vous retrouverez la procédure via ce lien : *www.ClubMillionnaire.fr/cadeau-livre*).

N'oubliez pas également de me suivre sur Instagram : @raffaello_c et Youtube : Raphaël Carteni

J'espère pouvoir faire votre connaissance très prochainement en tant que membre de mes programmes.

Remerciements

« Il y a tellement de choses plus importantes dans la vie que l'argent mais il faut tellement d'argent pour les acquérir. »

Groucho Marx

Ce livre touche déjà à sa fin, j'espère que vous avez apprécié mon histoire qui m'a permis de passer des bancs de la fac à l'indépendance financière en moins de trois ans à seulement 23 ans. J'espère vous avoir inspiré à, vous aussi, entreprendre et créer votre propre business au travers des différentes possibilités que j'ai pu évoquer tout au long du livre.

Je souhaite du fond du cœur vous remercier d'avoir lu ce livre et j'attends avec impatience votre retour sincère.

Je veux aussi vous remercier pour le soutien que vous m'apportez et qui me fait chaud au cœur. C'est toujours un immense plaisir que de vous rencontrer en séminaire, autour d'un verre ou d'un bon repas.

Il est impossible d'avancer seul dans la vie et je pense avoir clairement éclairci ce point dans le livre en évoquant l'importance de s'entourer et de se constituer une équipe en or. Nous ne sommes rien sans les autres, l'être humain est un être relationnel par excellence.

Merci à toute ma famille.
Merci à tous mes amis.
Merci à tous les membres de mon équipe.

De grandes choses sont à venir…

Avoir la possibilité de faire ce qu'on veut, quand on veut, avec qui on veut et où on veut, cela n'a pas de prix.

Même si je n'ai pas eu à subir bien longtemps les standards de la société avec ses horaires bien fixes et la routine assassine, certaines situations de cette nouvelle vie sont quand même jouissives et je vous les souhaite le plus tôt possible :

- Pouvoir réserver un avion en aller simple sans savoir quand est-ce que l'on revient.

- Gagner de l'argent sans ne rien faire alors qu'on est dans un joli resto et gagner plus que ce qu'on va dépenser.

- Pouvoir se réveiller au quotidien naturellement et sans réveil.

- N'avoir de comptes à rendre à personne sauf à nous-même.

- …

Il y a encore beaucoup de choses à construire et beaucoup d'argent à investir pour créer toujours plus de valeur aux gens qui nous entourent et rendre la vie sur Terre beaucoup plus belle mais nous, entrepreneurs et investisseurs, allons le faire euro après euro et heure de travail après heure de travail.

Si le travail, c'est la santé, n'oubliez tout de même pas de prendre grand soin de cette dernière car sans celle-ci, rien n'est possible.

J'aime beaucoup cette formule arabe de la richesse que voici :

(page suivante)

						I			
						M			
						M			
		V				O		V	
		O	M	B		B	B	O	
S		I	A	O		I	I	Y	
A		T	I	U		L	J	A	
N		U	S	R		I	O	G	
T		R	O	S		E	U	E	
E		E	N	E		R	X	S	
<u>1</u>	**.**	**0**	**0**	**0**	**.**	**0**	**0**	**0**	**€**

Cette formule arabe est très simple à comprendre et est pleine de sens. Vous avez beau avoir 1 000 000€ sur votre compte en banque, sans la santé, vous n'avez plus rien.

> Qu'est-ce que représente votre Bentley si vous n'avez pas la santé ? Rien.
>
> Qu'est-ce que représente votre parc immobilier si vous n'avez pas la santé ? Encore rien.
>
> Qu'est-ce que représentent vos bijoux, les voyages, votre maison si vous n'avez pas la santé ? Toujours rien.

Le « 1 » représente la santé. Supprimez-le et il ne vous reste que des « 0 ». Votre million d'euro ne vaut rien sans la santé. Peu importe ce que vous représentez sous les différents « 0 », il faut comprendre qu'investir dans sa santé est primordial.

Cela passe par une alimentation saine, un sommeil efficace et une activité physique. Prendre soin de tout cela décuplera en plus vos résultats dans vos affaires. Le travail, c'est la santé mais avoir la santé, c'est également un travail plus performant. Un vrai cercle vertueux.

Encore merci à vous.

Si vous avez des questions à me poser, n'hésitez pas à le faire à travers le blog, la page Facebook ou directement par email à *raphael@clubmillionnaire.fr*.

Je voudrais terminer ce livre sur une note positive pour tous nos jeunes (et moins jeunes) qui hésitent encore à entreprendre :

« Qu'aucun jeune n'ait de crainte pour son avenir, quelle que soit la voie qu'il ait choisie.

S'il travaille consciencieusement pendant chaque heure de la journée, il n'a pas à se soucier du résultat.

Il peut être sûr de figurer un jour parmi les individus les plus compétents de sa génération, dans le domaine de son choix. »

William James

A propos de l'auteur

Né en 1993 à Epernay, Raphaël Carteni a grandi avec sa sœur dans une famille, ni pauvre, ni riche, ne manquant de rien.

Après un baccalauréat scientifique, il décide de poursuivre des études de médecine et en fera cinq années avant d'arrêter.

La découverte progressive du monde hospitalier et plus largement adulte, lui a fait réaliser pourquoi tant de personnes sont victimes de burn-out et de dépressions.

La routine et le stress du « métro-boulot-dodo » n'étaient pas faits pour lui, ses libertés d'action, de temps et de mouvement étant bien trop importantes à ses yeux.

C'est alors qu'il commença à emprunter le chemin de l'entreprenariat à travers des piliers d'enrichissement éprouvés : la création d'entreprise, l'immobilier et la bourse.

Ces piliers travaillés de manière intelligente, avec une volonté première de créer des systèmes et de les automatiser, lui ont permis d'atteindre l'indépendance financière en moins de trois ans et d'arrêter ses études de médecine à l'âge de 23 ans seulement.

Contact

Retrouvez-moi sur :

— Facebook —
https://www.facebook.com/clubmillionnaire1

— LinkedIn —
www.linkedin.com/in/raphael-carteni

— Email —
raphael@clubmillionnaire.fr

— Site Internet —
http://www.clubmillionnaire.fr

— Instagram —
@raffaello_c

Cet ouvrage a été imprimé en France par CPI France.

Relecteurs : Laurianne Vulphie, Karine Audu

Mise en page : Yoav Assa

Couverture : Jimmy Gibbs

Photographe : Hana Tanem

Dépôt légal : Décembre 2016